さっと読める！

実務必須の
重要税務判例
70

弁護士
菊田雅裕

清文社

は し が き

　税務争訟は、請求内容や主張立証等が細かく煩雑となりやすい類型の争訟であり、事件の正確な理解のためには、処分経過の把握や判決文の十分な読み込み等が必要となってくる。しかし、これを実践するだけの時間を確保することは、容易なことではないであろう。また、これから重要税務判例を知識として蓄積していこうとする者にとっては、要点の把握すら困難な事件も数多い。

　重要税務判例を紹介する書籍・記事も多く存在するが、正確性をできるだけ保つため、省略箇所が少なかったり、慎重に解説されていたりする。

　もちろん、判例のちょっとした表現の差が、事件の結論を正反対にすることもあり得るから、正確性を重視すべきなのは当然である。特に現在進行形で対応している案件の参考として裁判例を調査するときは、判決文そのものや、権威ある評釈文を読むべきである。

　ただ、筆者は凡人であるので、そうした書籍・記事を読むのにも、やはり結構な時間を費やさざるを得なかった。

　そのように苦労していたところ、株式会社プロフェッションネットワークが運営する税務・会計のWeb情報誌プロフェッションジャーナルの編集部より、重要税務判例をできる限り簡単に解説する連載記事を書いてもらえないか、というご依頼をいただいた。解説のポイントを絞り、時には大胆な要約や言い換え等をして構わないので、重要税務判例の概要を素早く把握できるような記事にしてほしい、とのことであった。重要税務判例の勉強に苦労した筆者には、非常にアグレッシブで大変魅力的な企画に映り、微力ながらお引き受けをさせていただいた。

そして、2015年から始まったこの連載において取り上げた70の判例を集積し、テーマごとに並べ替え再編集したのが本書である。さらに第1章では、判例を読むに当たっての税務訴訟の基礎知識と、筆者の考える税務判例の読み方をまとめさせていただいた。

　このような経緯から、本書における解説は、自ずと必要最低限のものとなり、基礎知識の説明、判例の繊細なニュアンスの紹介、多角的な分析、主要な争点以外の判断事項の紹介等をかなり省略している点については、予めお断りしておきたい。やはり、正確な内容は、判決文そのものや、権威ある評釈文により把握すべきである。

　しかし本書では、説明をあえて短くまとめ、できる限り短時間で重要税務判例の要点を把握できるよう、工夫したつもりである。不正確なところや拙いところが多々あるのは承知の上であるが、重要税務判例の世界への第一歩となる書物として、少しでも、筆者と同様の苦労をしている読者の方のお役に立てたとしたら、幸いである。

　最後に、連載のご提案をいただいたプロフェッションジャーナル編集部の坂田啓編集長及び、本連載を支えていただいた同編集部の村上遼氏、連載時から本書の編集にわたってご尽力いただいた株式会社清文社編集第三部の對馬大介氏には、このような有意義な企画に関わらせていただき、大変感謝している。心より御礼を申し上げたい。

　　令和3年9月

　　　　　　　　　　　　　　　　　　　弁護士　菊田　雅裕

目 次

第2章 重要税務判例

1 国税通則法 27

3　法人税法 ･･ 131

※本書の内容は、令和 3 年 9 月末日現在の法令等によっています。

第1章

税務訴訟の基礎知識

1 税務訴訟の流れ

1 税務訴訟とは

　税務訴訟とは、行政訴訟の一種であり、主に、課税庁による税法上の処分の取消しを求める訴訟のことを指す。広い意味では、税法上の処分の無効確認訴訟、過誤納金の還付請求訴訟、税法上の処分を巡る国家賠償請求訴訟なども、税務訴訟に含まれるといってよい。本書では、それらの税務訴訟の裁判例の中から重要なものをピックアップして、概要を紹介していく。

　また、本書では、必要に応じて、税法上の論点が問題となった私人間の民事事件や、税法違反の刑事事件などの裁判例にも言及する。

　まずは、本書で紹介する裁判例のイメージ・位置付けをつかんでいただくため、税務訴訟と、これに前置される不服申立ての概略を述べる。

2 不服申立て

1 不服申立前置主義

　国税・地方税いずれについても、納税者は、税法上の処分に対し、法定の期間内に行政上の不服申立てをすることができる。そして、法律の定めに従い不服申立てを経なければ、当該処分の取消しを求める訴訟に移行することができない（不服申立前置主義）。

　不服申立前置主義が採用されているのは、①不服申立てにおいて一定数の事件を解決し、また、②内容が専門的であることに鑑みて、不服申立てにおいて争点を整理しておくことで、裁判所の負担を減らすためで

ある。

　なお、選択し得る不服申立ての方法は、処分の内容によって若干異なる。

2　再調査の請求

　国税に関する処分に不服がある場合、処分を行った税務署長等に対して、再調査の請求をすることができる。再調査の請求は、処分があったことを知った日の翌日から3か月以内に行う必要がある。

　処分を行った税務署長等は、処分について再調査を行い、再調査の請求を棄却したり、処分を取り消したりする。

3　審査請求

　国税に関する処分に不服がある場合、国税不服審判所長に対して、審査請求をすることができる。これは、再調査の請求の結果を受けて行ってもよいし、再調査の請求を経ないで行うこともできる。再調査の請求についての決定を経た場合は、処分があったことを知った日の翌日から1か月以内に、再調査の請求を経ないで行う場合は、処分があったことを知った日の翌日から3か月以内に、審査請求を行う必要がある。

　地方税に関する処分に不服がある場合、地方公共団体の長に対して、審査請求をすることができる。この審査請求は、処分があったことを知った日の翌日から3か月以内に行う必要がある。

　国税不服審判所長・地方公共団体の長は、審査請求について判断し、裁決を下す。国税・地方税いずれについても、審査請求が行政の最終審となっており、さらに争う場合、納税者は、訴訟を提起することになる。他方、国税不服審判所長・地方公共団体の長は、裁決に不服があっても、訴訟提起することはできない。

3　税務訴訟

1　税務訴訟の提起

　裁決に不服があり、訴訟提起するときは、裁決があったことを知った日から6か月以内に、これを行わなければならない。訴訟提起したものの、この期間に間に合わなかった場合は、原則として却下となる。

　なお、審査請求をした日の翌日から起算して3か月を経過しても裁決がないときは、裁決を待たずに訴訟に移行することができる。

2　税務訴訟の審理

①　主張立証の応酬

　税務訴訟に限らず、訴訟では、原告が訴状を提出して請求内容・関連する主張の内容を明らかにし、被告が答弁書を提出して反論を行い、その後も、原告・被告双方が、準備書面を提出して、必要な主張・反論を行うことになる。これらに伴い、必要な証拠の提出も行う。

　不服申立てを経ているので、当初からある程度争点や相手の主張は予想できるが、新たな主張、それまでと異なる角度からの主張がなされることもある。

②　補佐人の選任

　納税者側は、税理士を、補佐人として選任することができる。補佐人は、事案の把握、論点の整理、税額の計算等について、代理人弁護士の訴訟活動をサポートする。補佐人には、法廷に出廷して陳述する権利がある。主張書面も、代理人弁護士と連名で提出する。

③ 判決

　当事者の主張立証が終了すると、審理が終了となり、後日裁判官が判決の言渡しを行う。双方が控訴しなければ、その判決は確定する。

④ 上訴

　判決に不服があるときは、当事者は控訴できる。必要に応じて期日を繰り返すこともあるが、第1回期日で結審することも少なくないため、各当事者とも、控訴理由書・控訴答弁書での主張立証を十分に行うことが重要である。

　その後控訴審の判決に不服があるときは、当事者は上告・上告受理申立てをすることができる。しかし、これらによる主張は、限られた場合にしか認められない。そのため、法令・判例・当該事案の事実関係等をよく研究し、緻密な主張立証をする必要がある。上告審で判決・決定がなされると、基本的には、その事件は終了となる。ただし、控訴審で関連事実の具体的な検討が不足している、などということで、控訴審に差戻しになることもある。

4　決着後

■　納税者側の主張が認められれば、納税者の主張に沿った形で、その後の処理が行われる。納め過ぎていた税金があれば、これが還付される。これには還付加算金も付される。相手は国なり地方公共団体なので、決着が付いたにもかかわらず還付を拒むということはない。

　逆に、課税庁側の主張が認められれば、未納付の税金があれば、納付しなければならず、延滞金も付される。そこで、納税者としては、これに備えて、争いがある税金であっても、ひとまず期限までに納付しておく、という対応も考えられる。納付しないでいると、滞納処分

がなされる。

2 長年問題となっていた大きな論点についての訴訟が決着した場合や、関連法令の文言に解釈が分かれる余地があることが判明した場合などには、法改正がなされたり、新たな通達が出されたりすることがある。

　また、そこまでには至らなくても、訴訟での判断が実務に大きな影響を与えることがある。

　本書では、できるだけ、そのような社会的影響が大きかった事例を取り上げるようにしている。

2 税務判例の読み方

1　はじめに

　判例がどのような意味で社会的に大きな影響を与えたのか、なぜそのような結論に至ったのか、そうしたことを理解していなければ、判例の知識を実務に活かすことはできない。そこで、税務判例の読み方についても少し触れておきたい。

　裁判官は、自らが下す判断に必要と考えることを判決文という形にまとめているのだから、判決文には、読んでも無駄な箇所というのは、基本的にはないはずである。

　しかし、ここでは、本書の趣旨に従い、判決文の構成や、判決文のうち特に注目して読むべきと筆者が考える部分について、最高裁判所の判決文を例に、解説していく。一審、二審の判決の中にも重要なものはあるが、社会的影響が大きい事例では、最高裁判所まで争われることが多いし、本書でも、最高裁判所の判決文を多く紹介しているため、最高裁判例の判決文を例として取り上げることにした。

　なお、一審判決・二審判決の文章構成は、最高裁判所の判決文の構成と若干異なるが、読むときの考え方が大きく異なるわけではない。一審判決・二審判決を読むに当たっても、以下の解説が参考になれば幸いである。

2　最高裁判所の判決文の構成

　最高裁判所の判決文の構成は、以下のような構成となっていることが

比較的多い。常にこの構成というわけではないし、一審・二審の判決文を読まないと分かりにくいこともあるが、まずは、以下に紹介するスタンダードな構成に慣れてもらいたい。

１ 原判決の付した理由・結論を維持する判決の場合

① 主文

　本件上告を棄却する　など

② 理由

- 事案の概要
- 最高裁判所の判断（原判決の追認程度で、比較的短いことが多い）

２ 原判決の付した理由とは別の理由を付すも、結論自体は維持する判決の場合

① 主文

　本件上告を棄却する　など

② 理由

- 事案の概要
- 原審において適法に確定した事実関係の概要
- 原審における判断内容
- （原審の判断を是認できない理由）
- 最高裁判所としての判断（原判決とは異なる理由を付すも、結論は原判決と同じである事を説明）

３ 原判決を破棄する判決の場合

① 主文

　原判決を破棄する・被上告人の請求を棄却する　など

② 理由
- 事案の概要
- 原審において適法に確定した事実関係の概要
- 原審における判断内容
- 原審の判断を是認できない理由
- 最高裁判所としての判断（争点について最高裁判所の考える理由・判断を述べた上で、結論を示したり（破棄自判）、結論を出すには原審での審理検討が不十分な部分があるとして原審に差し戻したりする（破棄差戻し））

　例として、本書でも取り上げた「破産管財人の源泉徴収義務事件（最判平成23年1月14日、民集65巻1号1頁、本書202頁（判例4-4））」の判決文の原文（19頁に掲載）を読みながら、これを確認していく。

　結論から述べると、同判例は、1つ目の論点については上記**2**のような構成であり、2つ目の論点については上記**3**のような構成である。判決文原文の中で、上記のような構成であると予測しやすい部分を四角で囲ってみたので、後掲の原文に当たって確認していただきたい。ここでは、四角で囲った部分を中心に抜き出して並べてみる。上記のような構成であることが確認できる。

主文
…
理由
第1　事案の概要
…
2　原審の適法に確定した事実関係等の概要は、次のとおりである。
…
3　原審は、要旨次のとおり判断し、上告人の主位的請求及び予備的請求をいずれも棄却すべきものとした。
(1)…

（2）…

…

第4　上告代理人山下良策ほかの上告受理申立て理由について

1　原審の前記第1の3（1）の判断は、結論において是認することができるが、同（2）の判断は、是認することができない。その理由は、次のとおりである。

（1）　…のであるから、弁護士である破産管財人は、その報酬につき、所得税法204条1項にいう「支払をする者」に当たり、同項2号の規定に基づき、自らの報酬の支払の際にその報酬について所得税を徴収し、これを国に納付する義務を負うと解するのが相当である。

そして、…したがって、弁護士である破産管財人の報酬に係る源泉所得税の債権は、旧破産法47条2号ただし書にいう「破産財団ニ関シテ生シタルモノ」として、財団債権に当たるというべきである…

（2）　…そうすると、破産管財人は、上記退職手当等につき、所得税法199条にいう「支払をする者」に含まれず、破産債権である上記退職手当等の債権に対する配当の際にその退職手当等について所得税を徴収し、これを国に納付する義務を負うものではないと解するのが相当である。

…

第5　結論

…

　この判決文は比較的短いものではあるが、この程度の長さでも、文字がずらりと並ぶと読むのが嫌になるし、どのような論の運びをしているのか確認するのも大変である。しかし、上記の各構成に慣れてくると、欲しい情報がどこにあるのか、当たりを付けやすくなる。裁判官も、概ね上記の各構成のような感じにまとめることを念頭に判決文を起案し、適宜見出しなどを付している。

3　事案の概要・事実関係の概要の把握

　判決文を読んでいく上で、まず事案の概要を把握できれば、その後の理解もスムーズである。

　上記2「最高裁判所の判決文の構成」で確認したとおり、判決理由の

冒頭に事案の概要が記載されることが大半で、「破産管財人の源泉徴収義務事件」でも、やはり、判決理由の冒頭に事案の概要が記載されている。

そこで、まず、その部分を読んで、事案の概要を把握する。

第1　事案の概要
1　本件は、破産管財人である上告人（弁護士）が、…破産管財人の報酬の支払をし、破産債権である元従業員らの退職金の債権に対する配当をしたところ、所轄税務署長から、上記支払には所得税法204条1項2号の規定が、上記配当には同法199条の規定がそれぞれ適用されることを前提として、源泉所得税の納税の告知及び不納付加算税の賦課決定を受けたことから、上告人において、主位的に、上告人の被上告人に対する上記源泉所得税及び不納付加算税の納税義務が存在しないことの確認を求めるとともに、予備的に、被上告人の上告人に対する上記源泉所得税及び不納付加算税の債権が財団債権でないことの確認を求めている事案である。

「破産管財人の源泉徴収義務事件」の判決文では、今引用した第1項だけでなく、原審において適法に確定した事実関係の概要（第2項）・原審における判断内容（第3項）も、「第1　事案の概要」に含めているが、第2項・第3項を読まずとも、ひとまずこの第1項を読めば、この事案がどのような事案であるか、大雑把には理解できる。

この事件における事案の概要を把握するには、「第1　事案の概要」の第1項を読むだけでも実は十分であるが、もう少し具体的に事実関係を把握しないと理解しにくい事案もある。そこで、「原審において適法に確定した事実関係の概要」も併せて読んでみる。

この事案の「原審において適法に確定した事実関係の概要」では、破産管財人の弁護士が、自らへの報酬を払い、元従業員に対し退職金債権に係る配当をしたこと、それらに関し、所轄税務署長から源泉所得税の納税告知処分等を受けたことが記載されており、「第1　事案の概要」の第1項に記載されていた事実関係について、時系列に沿ってもう少し

具体的な説明がなされていることが確認できる。

2 　┃原審の適法に確定した事実関係等の概要┃は、次のとおりである。

（1）　A株式会社（以下「破産会社」という。）は、…破産宣告を受け、弁護士である上告人が破産管財人に選任された。

（2）　ア　…裁判所は、…上告人の報酬を3,000万円とする旨決定し、上告人は、…上記報酬の支払をした。

　　　イ　上告人は、…破産会社の元従業員ら270名を債権者とする退職金の債権（以下「本件各退職金債権」という。）に対し、合計5億9,415万2,808円の配当をした。…

　　　ウ　…裁判所は、…上告人の報酬を5,000万円とする旨決定し、上告人は、…上記報酬の支払をした…。

（3）　住吉税務署長は、…上告人に対し、次のとおりの源泉所得税の納税の告知（以下「本件各納税告知」という。）及び不納付加算税の賦課決定（以下「本件各賦課決定」という。）をした。

　　　ア　上記（2）アの支払に係る平成12年7月分の源泉所得税590万円の納税の告知及び不納付加算税59万円の賦課決定

　　　イ　上記（2）イの配当に係る平成12年8月分の源泉所得税2,013万7,500円の納税の告知及び不納付加算税201万3,000円の賦課決定

　　　ウ　上記（2）ウの支払に係る平成13年3月分の源泉所得税990万円の納税の告知及び不納付加算税99万円の賦課決定

（4）　住吉税務署長は、…上告人に対し、本件各納税告知に係る源泉所得税及び本件各賦課決定に係る不納付加算税並びに延滞税について交付要求をした。

　この事例では、登場人物が少なく、相互の関係も複雑でないので、必ずしも必要でないが、登場人物同士の関係図を書き、時系列の整理もしておくと、より頭に入りやすくなる。

4　争点の把握

　「本件の争点は●●である」と明記してある判決文であれば、一目瞭然なのだが、必ずしもそのように正面からの指摘があるわけではない。

　しかし、争点自体はそこまで明確に示されていなくても、裁判官は、

何が争点であるか特定した上、その点に関する各当事者の主張や、原審の判断に、必要に応じて言及しつつ、自らの判断内容をはっきり書く。また、形式的も、一定の整理をしていることがほとんどである。

「破産管財人の源泉徴収義務事件」の判決文の原文でも、「本件の争点は●●である」と明記されてはいない。

しかし、上記**3**「事案の概要・事実関係の概要の把握」で確認したとおり、判決文の「理由」の冒頭で、破産管財人の報酬と退職金に係る配当それぞれについて、源泉所得税の納税告知処分等がなされたことが記載されており、さらに、原審の判断内容を指摘した部分では、破産管財人の報酬と退職金に係る配当それぞれについての源泉徴収義務の有無について、原審がどのように判断したかが説明されている。

3　原審は、要旨次のとおり判断し、上告人の主位的請求及び予備的請求をいずれも棄却すべきものとした。
（1）　弁護士である破産管財人が受ける報酬は、所得税法204条1項2号にいう弁護士の業務に関する報酬に該当する。同項にいう「支払をする者」とは、当該支払に係る経済的出えんの効果の帰属主体をいい、破産管財人の報酬の場合は、破産者がこれに当たると解されるが、破産管財人が自己に専属する管理処分権に基づいて破産財団から上記報酬の支払をすることは、法的には破産者が自らこれを行うのと同視できるし、その場合、破産管財人は当該支払を本来の管財業務として行うのであるから、破産管財人は、当該支払に付随する職務上の義務として、上記報酬につき所得税の源泉徴収義務を負うと解するのが相当である。…
（2）　破産債権である元従業員らの退職金の債権に対して破産管財人が行う配当は、所得税法199条にいう退職手当等の支払に当たり、当該配当においても、上記（1）と同様の理由により、破産者が同条にいう「支払をする者」に当たると解され、破産管財人は、当該配当に付随する職務上の義務として、当該配当につき所得税の源泉徴収義務を負い、…

これに続いて、それ原審の判断を是認できない理由・最高裁判所としての判断の箇所でも、源泉徴収義務の有無について、破産管財人の報酬の場合と退職金に係る配当の場合に分けて論じられている。

第4 上告代理人山下良策ほかの上告受理申立て理由について

1 原審の前記第1の3（1）の判断は、結論において是認することができるが、同（2）の判断は、是認することができない。その理由は、次のとおりである。

（1） 弁護士である破産管財人が支払を受ける報酬は、所得税法204条1項2号にいう弁護士の業務に関する報酬に該当するものというべきところ、同項の規定が同号所定の報酬の支払をする者に所得税の源泉徴収義務を課しているのは、当該報酬の支払をする者がこれを受ける者と特に密接な関係にあって、徴税上特別の便宜を有し、能率を挙げ得る点を考慮したことによるものである…。

破産管財人の報酬は、旧破産法47条3号にいう「破産財団ノ管理、換価及配当ニ関スル費用」に含まれ…、破産財団を責任財産として、破産管財人が、自ら行った管財業務の対価として、自らその支払をしてこれを受けるのであるから、弁護士である破産管財人は、その報酬につき、所得税法204条1項にいう「支払をする者」に当たり、同項2号の規定に基づき、自らの報酬の支払の際にその報酬について所得税を徴収し、これを国に納付する義務を負うと解するのが相当である。

…

（2） 所得税法199条の規定が、退職手当等…の支払をする者に所得税の源泉徴収義務を課しているのも、退職手当等の支払をする者がこれを受ける者と特に密接な関係にあって、徴税上特別の便宜を有し、能率を挙げ得る点を考慮したことによるものである…。

破産管財人は、…破産債権である上記雇用関係に基づく退職手当等の債権に対して配当をする場合も、これを破産手続上の職務の遂行として行うのであるから、このような破産管財人と上記労働者との間に、使用者と労働者との関係に準ずるような特に密接な関係があるということはできない。また、破産管財人は、破産財団の管理処分権を破産者から承継するが（旧破産法7条）、破産宣告前の雇用関係に基づく退職手当等の支払に関し、その支払の際に所得税の源泉徴収をすべき者としての地位を破産者から当然に承継すると解すべき法令上の根拠は存しない。そうすると、破産管財人は、上記退職手当等につき、所得税法199条にいう「支払をする者」に含まれず、破産債権である上記退職手当等の債権に対する配当の際にその退職手当等について所得税を徴収し、これを国に納付する義務を負うものではないと解するのが相当である。

したがって、破産管財人の報酬の支払に係る源泉徴収義務の有無と、破産管財人が退職手当等の債権に対して配当をする場合の源泉徴収義務

の有無の2点が、本件の主な争点であることが明らかとなる。なお、正確には別の争点もあるが、上記2点の対比が分かりやすくなるように、筆者の解説では、その2点を取り上げた（203頁）。

　ちなみに、判例雑誌の記事などでは、記事のタイトルや冒頭で争点を指摘してくれているものが多い。

5　判決要旨の把握

　今見てきたように、「破産管財人の源泉徴収義務事件」の判決文を読む上では、先に、争点について論じていると思われる部分を見つけてしまったが、改めて、その部分を読み、判決要旨を把握する。

　上記**2**「最高裁判所の判決文の構成」で、「破産管財人の源泉徴収義務事件」の判決文の構成を予測しやすい部分を四角で囲む作業をしたが、同事件については、その際に結論めいた部分として四角で囲んだ部分が、概ね、争点に対する判断であるといってよい。

第4　上告代理人山下良策ほかの上告受理申立て理由について
1　原審の前記第1の3（1）の判断は、結論において是認することができるが、同（2）の判断は、是認することができない。その理由は、次のとおりである。
（1）…弁護士である破産管財人は、その報酬につき、所得税法204条1項にいう「支払をする者」に当たり、同項2号の規定に基づき、自らの報酬の支払の際にその報酬について所得税を徴収し、これを国に納付する義務を負うと解するのが相当である。
　…
（2）…そうすると、破産管財人は、上記退職手当等につき、所得税法199条にいう「支払をする者」に含まれず、破産債権である上記退職手当等の債権に対する配当の際にその退職手当等について所得税を徴収し、これを国に納付する義務を負うものではないと解するのが相当である。

　ちなみに、判例雑誌や判例検索ソフトで判決文を読むと、特に重要な

ところに下線が引いてあったり、色を変えてあったりして、読み落とすことのないようになっている。

　筆者の解説では、争点に対する判断のみを、判決要旨として記載していることがほとんどである。ただ、これは、争点という「質問」に対する端的な「回答」を示そうとしてのことであって、判決要旨を導く理由付けを軽視しているわけではない（そこで、必要に応じて、評釈のところで言及するようにした）。

　また、争点に対する判断がどのような結論に結び付いたのか（具体的には、納税者の請求が認められたのか、棄却されたのか）という点も、もちろん重要である。

6　理解を深めるために

■　「破産管財人の源泉徴収義務事件」では、各支払の性質等も踏まえた比較的ピンポイントな議論がなされたが、もっと抽象的な議論が展開され、抽象的な判断基準が示される事案もあれば、問題となる条文の文言の意義を掘り下げていく事案もある。議論が抽象化すると、理解しにくくなってしまうことも多い。そうなると、判決文（下級審判決の判決文も含む）をくまなく読んで微細な事実関係にさかのぼったり、基本書、評釈文、補足意見や反対意見などに多く当たって、理解しやすい説明を見つけたりするなど、悪戦苦闘しなければならないことも多い。

　これは、理解を深めるために重要な作業であるから、必要に応じてチャレンジしていただきたい。もっとも、本書で紹介した裁判例については、まず本書の解説を読んでいただき、概要を頭に入れていただくと、ある程度ショートカットできるのではないかと思う。また、本書で取り上げなかった裁判例を読む際にも、一つの方法論として、本

書での解説の内容がお役に立てば幸いである。

　もちろん、全ての裁判例についてそうした作業を経ることは難しいと思われる。その場合には、本書の解説だけ読んでいただき、必要な時期が来たら、詳しく読み込んでいただければと思う。

2　筆者の解説では、「判決後の動向等」と題して、まとめのコメントを付し、実務的な影響の大きさなどについて言及した。やはり、実務家としては、そうしたことを把握・理解し、今後対応することになる案件に備えたい。

3　本項では、「税務判例の読み方」と題して、「破産管財人の源泉徴収義務事件」を素材に、読み進め方を述べてきた。「読み進め方」といっても、筆者が各解説を執筆するに当たってひとまず概要を把握しようとするときの手順を紹介し、一緒に追いかけていただいただけで、大したことは述べていないし、かえって横着して適当に読み飛ばす癖が付いてしまうのであれば逆効果であるが、これでも、税務判例の要点が一応はつかめるのではないかと思う。

　無論、これは、読み方の一例でしかない。むしろ、本来的には、判決文をくまなく読み、良い解説を読み、正確に理解していただきたい。しかし、そうした作業をするに当たっても、まず要点をつかむということは、理解をスムーズにする助けになるのではないかと思う。多少の誤解は生じるかもしれないが、誤解している部分があるかもしれないということを認識しつつ、改めて判決文を熟読する際や、別の角度から勉強を進めていく際に、その誤解を正していけばよいと考える。判決文が難しいと言って読むのを断念するより断然良い。

　次章は、様々な税務判例の要約と、若干の解説で成り立っている。本書の趣旨のとおり、税務判例の要約が載っている便利な書物として利用していただければと思うが、いずれ判決文の原文を熟読する際の助けにもなれば幸いである。

「破産管財人の源泉徴収義務事件（最判平成23年1月14日、民集65巻1号
1頁、本書202頁（判例4-4））」の判決文の原文

最高裁判所平成20年（行ツ）第236号、平成20年（行ヒ）第272号
源泉徴収納付義務不存在確認請求事件
平成23年1月14日第二小法廷判決

上告人　Ａ社破産管財人弁護士Ｘ
被上告人　Ｙ（国）

主文

1　原判決のうち平成12年8月分の源泉所得税及びその不納付加算税に関す
　る部分を破棄し、同部分につき第1審判決を取り消す。
2　本件訴えのうち平成12年8月分の源泉所得税の不納付加算税に関する部
　分を却下する。
3　上告人の被上告人に対する平成12年8月分の源泉所得税2,013万7,500
　円の納税義務が存在しないことを確認する。
4　上告人のその余の上告を棄却する。
5　訴訟の総費用は、これを2分し、その1を上告人の負担とし、その余を被
　上告人の負担とする。

理由

第1　事案の概要
1　本件は、破産管財人である上告人（弁護士）が、破産法（平成16年法律
　第75号による廃止前のもの。以下「旧破産法」という。）の下において、破
　産管財人の報酬の支払をし、破産債権である元従業員らの退職金の債権に対
　する配当をしたところ、所轄税務署長から、上記支払には所得税法204条1
　項2号の規定が、上記配当には同法199条の規定がそれぞれ適用されること
　を前提として、源泉所得税の納税の告知及び不納付加算税の賦課決定を受け
　たことから、上告人において、主位的に、上告人の被上告人に対する上記源
　泉所得税及び不納付加算税の納税義務が存在しないことの確認を求めるとと
　もに、予備的に、被上告人の上告人に対する上記源泉所得税及び不納付加算
　税の債権が財団債権でないことの確認を求めている事案である。
2　原審の適法に確定した事実関係等の概要は、次のとおりである。
（1）　Ａ株式会社（以下「破産会社」という。）は、平成11年9月16日、大
　　阪地方裁判所において破産宣告を受け、弁護士である上告人が破産管財人

に選任された。

（2）　ア　大阪地方裁判所は、平成12年6月29日、上告人の報酬を3,000万円とする旨決定し、上告人は、同年7月3日、上記報酬の支払をした。

　　　　イ　上告人は、平成12年8月30日、破産会社の元従業員ら270名を債権者とする退職金の債権（以下「本件各退職金債権」という。）に対し、合計5億9,415万2,808円の配当をした。なお、上記元従業員らは、いずれも平成11年9月16日をもって破産会社を退職していた。

　　　　ウ　大阪地方裁判所は、平成13年3月21日、上告人の報酬を5,000万円とする旨決定し、上告人は、同月28日、上記報酬の支払をした（以下、この報酬と上記アの報酬とを併せて「本件各報酬」という。）。

（3）　住吉税務署長は、平成15年10月23日付けで、上告人に対し、次のとおりの源泉所得税の納税の告知（以下「本件各納税告知」という。）及び不納付加算税の賦課決定（以下「本件各賦課決定」という。）をした。

　　　　ア　上記（2）アの支払に係る平成12年7月分の源泉所得税590万円の納税の告知及び不納付加算税59万円の賦課決定

　　　　イ　上記（2）イの配当に係る平成12年8月分の源泉所得税2,013万7,500円の納税の告知及び不納付加算税201万3,000円の賦課決定

　　　　ウ　上記（2）ウの支払に係る平成13年3月分の源泉所得税990万円の納税の告知及び不納付加算税99万円の賦課決定

（4）　住吉税務署長は、平成15年10月28日付けで、上告人に対し、本件各納税告知に係る源泉所得税及び本件各賦課決定に係る不納付加算税並びに延滞税について交付要求をした。

3　原審は、要旨次のとおり判断し、上告人の主位的請求及び予備的請求をいずれも棄却すべきものとした。

（1）　弁護士である破産管財人が受ける報酬は、所得税法204条1項2号にいう弁護士の業務に関する報酬に該当する。同項にいう「支払をする者」とは、当該支払に係る経済的出えんの効果の帰属主体をいい、破産管財人の報酬の場合は、破産者がこれに当たると解されるが、破産管財人が自己に専属する管理処分権に基づいて破産財団から上記報酬の支払をすることは、法的には破産者が自らこれを行うのと同視できるし、その場合、破産管財人は当該支払を本来の管財業務として行うのであるから、破産管財人は、当該支払に付随する職務上の義務として、上記報酬につき所得税の源泉徴収義務を負うと解するのが相当である。そして、上記報酬に係る源泉所得税の債権は、破産財団管理上の当然の経費として破産債権者にとって共益的な支出に係るものであって、旧破産法47条2号ただし書所定の財団債権に当たるというべきであり、その附帯税である不納付加算税の債権

も、財団債権に当たるというべきである。
（2）　破産債権である元従業員らの退職金の債権に対して破産管財人が行う配当は、所得税法199条にいう退職手当等の支払に当たり、当該配当においても、上記（1）と同様の理由により、破産者が同条にいう「支払をする者」に当たると解され、破産管財人は、当該配当に付随する職務上の義務として、当該配当につき所得税の源泉徴収義務を負い、その源泉所得税及び不納付加算税の債権は、いずれも財団債権に当たるというべきである。

第2　上告代理人山下良策ほかの上告理由について
　論旨は、違憲及び理由の不備・食違いをいうが、その実質は単なる法令違反を主張するものであって、民訴法312条1項又は2項に規定する事由のいずれにも該当しない。

第3　職権による検討
　上告人が、本件訴えとは別に、被上告人を相手に本件各賦課決定の取消しを求める訴えを大阪地方裁判所に提起し、同裁判所が本件各賦課決定のうち本件各退職金債権に対する配当に係る平成12年8月分の源泉所得税の不納付加算税の賦課決定（以下「平成12年8月分賦課決定」という。）を取り消して上告人のその余の請求を棄却する旨の判決を言い渡したのに対し、被上告人は不服申立てをせず、上告人のみが控訴し、その控訴を棄却した大阪高等裁判所の判決に対して上告人が上告（平成21年（行ツ）第11号）及び上告受理の申立て（同年（行ヒ）第14号）をし、平成22年12月17日、上記の各事件について、上告を棄却し、事件を上告審として受理しない旨の決定がされたことは、当裁判所に顕著である。これらの事実によれば、上記大阪地方裁判所の判決のうち平成12年8月分賦課決定を取り消すべきものとした部分が確定したことにより、平成12年8月分賦課決定に係る不納付加算税の納税義務は当初から発生しなかったことになるから、上告人が、本件訴えにおいて、主位的にその納税義務が存在しないことの確認を求め、予備的にその不納付加算税の債権が財団債権でないことの確認を求める利益は失われたものというべきである。したがって、本件訴えのうち平成12年8月分賦課決定に係る不納付加算税に関する部分は、不適法として却下すべきである。

第4　上告代理人山下良策ほかの上告受理申立て理由について
1　原審の前記第1の3（1）の判断は、結論において是認することができるが、同（2）の判断は、是認することができない。その理由は、次のとおりである。
（1）　弁護士である破産管財人が支払を受ける報酬は、所得税法204条1項2号にいう弁護士の業務に関する報酬に該当するものというべきところ、同

項の規定が同号所定の報酬の支払をする者に所得税の源泉徴収義務を課しているのは、当該報酬の支払をする者がこれを受ける者と特に密接な関係にあって、徴税上特別の便宜を有し、能率を挙げ得る点を考慮したことによるものである（最高裁昭和 31 年（あ）第 1071 号同 37 年 2 月 28 日大法廷判決・刑集 16 巻 2 号 212 頁参照）。

　破産管財人の報酬は、旧破産法 47 条 3 号にいう「破産財団ノ管理、換価及配当ニ関スル費用」に含まれ（最高裁昭和 40 年（オ）第 1467 号同 45 年 10 月 30 日第二小法廷判決・民集 24 巻 11 号 1667 頁参照）、破産財団を責任財産として、破産管財人が、自ら行った管財業務の対価として、自らその支払をしてこれを受けるのであるから、弁護士である破産管財人は、その報酬につき、所得税法 204 条 1 項にいう「支払をする者」に当たり、同項 2 号の規定に基づき、自らの報酬の支払の際にその報酬について所得税を徴収し、これを国に納付する義務を負うと解するのが相当である。

　そして、破産管財人の報酬は、破産手続の遂行のために必要な費用であり、それ自体が破産財団の管理の上で当然支出を要する経費に属するものであるから、その支払の際に破産管財人が控除した源泉所得税の納付義務は、破産債権者において共益的な支出として共同負担するのが相当である。したがって、弁護士である破産管財人の報酬に係る源泉所得税の債権は、旧破産法 47 条 2 号ただし書にいう「破産財団ニ関シテ生シタルモノ」として、財団債権に当たるというべきである（最高裁昭和 39 年（行ツ）第 6 号同 43 年 10 月 8 日第三小法廷判決・民集 22 巻 10 号 2093 頁、最高裁昭和 59 年（行ツ）第 333 号同 62 年 4 月 21 日第三小法廷判決・民集 41 巻 3 号 329 頁参照）。また、不納付加算税の債権も、本税である源泉所得税の債権に附帯して生ずるものであるから、旧破産法の下において、財団債権に当たると解される（前掲最高裁昭和 62 年 4 月 21 日第三小法廷判決参照）。

（2）　所得税法 199 条の規定が、退職手当等（退職手当、一時恩給その他の退職により一時に受ける給与及びこれらの性質を有する給与をいう。以下同じ。）の支払をする者に所得税の源泉徴収義務を課しているのも、退職手当等の支払をする者がこれを受ける者と特に密接な関係にあって、徴税上特別の便宜を有し、能率を挙げ得る点を考慮したことによるものである（前掲最高裁昭和 37 年 2 月 28 日大法廷判決参照）。

　破産管財人は、破産手続を適正かつ公平に遂行するために、破産者から独立した地位を与えられて、法令上定められた職務の遂行に当たる者であり、破産者が雇用していた労働者との間において、破産宣告前の雇用関係に関し直接の債権債務関係に立つものではなく、破産債権である上記雇用関係に基づく退職手当等の債権に対して配当をする場合も、これを破産手

続上の職務の遂行として行うのであるから、このような破産管財人と上記労働者との間に、使用者と労働者との関係に準ずるような特に密接な関係があるということはできない。また、破産管財人は、破産財団の管理処分権を破産者から承継するが（旧破産法７条）、破産宣告前の雇用関係に基づく退職手当等の支払に関し、その支払の際に所得税の源泉徴収をすべき者としての地位を破産者から当然に承継すると解すべき法令上の根拠は存しない。そうすると、破産管財人は、上記退職手当等につき、所得税法199条にいう「支払をする者」に含まれず、破産債権である上記退職手当等の債権に対する配当の際にその退職手当等について所得税を徴収し、これを国に納付する義務を負うものではないと解するのが相当である。

2　以上によれば、本件各報酬の支払に係る平成12年７月分及び同13年３月分の源泉所得税及びその不納付加算税に関する上告人の主位的請求及び予備的請求をいずれも棄却すべきものとした原審の判断は、結論において是認することができ、この点に関する論旨は採用することができない。他方、本件各退職金債権に対する配当に係る平成12年８月分の源泉所得税に関する上告人の主位的請求を棄却すべきものとした原審の判断には、判決に影響を及ぼすことが明らかな法令の違反があり、この点に関する論旨は理由がある。

第5　結論

以上説示したところによれば、原判決のうち平成12年８月分の源泉所得税及びその不納付加算税に関する部分は破棄を免れず、同部分につき第１審判決を取り消して、本件訴えのうち上記不納付加算税に関する部分を却下し、上記源泉所得税に関する上告人の主位的請求を認容すべきであり、上告人のその余の上告は棄却すべきである。

よって、裁判官全員一致の意見で、主文のとおり判決する。

第 2 章

重要税務判例

1 国税通則法

判例 **1-1** ---

つまみ申告事件（ことさら過少事件）

最判平成 6 年 11 月 22 日（民集 48 巻 7 号 1379 頁）

概　要

　本件は、サラ金業を営む個人（X）が、真実の所得金額の大部分を脱漏して所得税の確定申告をしたことについて、重加算税の賦課を適法と解したものである。

　いわゆる「つまみ申告」がなされた場合、これを単なる故意の過少申告とみるべきか、隠ぺい行為に基づく過少申告であって重加算税の対象と捉えるべきか、その限界についての理解は必ずしも一義的に明確ではなく、どのように解すべきかが問題となった。

関係図

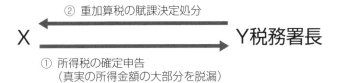

② 重加算税の賦課決定処分

X ────────────────────→ Y税務署長

① 所得税の確定申告
　（真実の所得金額の大部分を脱漏）

争点

いわゆる「つまみ申告」に対する重加算税の賦課の適否。

　本件の事実関係の下では、各確定申告は、単なる過少申告行為にとどまるものではなく、隠ぺいに基づくものというべきであって、重加算税の賦課は適法である（一審はこれを適法とし、控訴審は違法としていた）。

評　釈

1　重加算税賦課の要件について、国税通則法68条1項は、仮装隠ぺいと過少申告は別の行為でなければならず、両者に因果関係が必要であるというように読める。控訴審は、この点を厳格に解し、また、本件では正常な会計帳簿の作成がなされていたこと等も踏まえ、Xの過少申告は、ことさらな過少申告とはいえず、仮装隠ぺいに基づくものと認めるに足りる証拠もない、などと判断した。

2　これに対し、上告審は、①正確な会計帳簿類を作成していながら、極めてわずかな所得金額のみを作為的に記載した申告書を提出し続けたこと、②税務調査でも内容虚偽の資料を提出したことなどを指摘した上、Xは、真実の所得金額を隠ぺいしようという確定的な意図の下に、必要に応じ事後的にも隠ぺいのための具体的工作を行うことも予定しつつ、ことさらな過少申告をしたもので、これは、単なる過少申告行為にとどまらず、隠ぺいに基づくものであると判断した。

3　本判決を読むに当たっては、

①　上告審が、控訴審に逐一反論しているわけではないものの、控訴審の指摘する理論的問題をまるで無視したものでもないこと

②　本件は1つの事例判断というべきであって、他の件について、「つまみ申告は重加算税」というキーワードのみで単純に結論づけるのはやや早計であること

には、留意する必要がある。

　両者の判断の理論的な差異や、その他の見解の余地等の詳細につい

ては、下記『参考文献』をご参照いただきたい。

判決後の動向等

　本件に限らず、重加算税の賦課については、その適用基準に曖昧なところがみられ、しばしば激しく争われてもいた（本件後の重要判例として、次項 [判例 1-2] 「確定的な脱税意思による過少申告事件」が挙げられる）。

　そこで、平成 12 年に至り、各税目について、重加算税の取扱いに係る事務運営指針が定められた[注]。その中では、重加算税の要件に該当する行為・該当しない行為がある程度類型化されており、納税者にとっても、一定の行動指針となっているといえよう。

　とはいえ、仮装隠ぺい行為をすべて羅列すること等は不可能であり、今後も、当局と納税者の見解が対立する事例が発生することが予想される。そのような事例に直面した際には、背景にある理論的問題や当該事例における事実関係をよく吟味し、対応を検討していく必要があろう。

より詳しく学ぶための『参考文献』

- 最高裁判所判例解説民事篇（平成 6 年度）586 頁
- 判例タイムズ 913 号 288 頁
- ジュリスト 1069 号 153 頁
- ジュリスト 1071 号 101 頁
- TAINS コード：Z206–7415

[注]「申告所得税及び復興特別所得税の重加算税の取扱いについて（事務運営指針）」（国税庁ホームページ）
https://www.nta.go.jp/law/jimu-unei/pdf/02.pdf

確定的な脱税意思による過少申告事件

最判平成 7 年 4 月 28 日（民集 49 巻 4 号 1193 頁）

概　要

　本件は、Ｘが、株式等の売買による多額の雑所得を申告すべきことを熟知しながら、Ａ税理士の質問に対して雑所得があることを否定し、Ａ税理士に過少な申告を記載した確定申告書を作成させてこれを提出させたところ、Ｙ税務署長が、Ｘに対し、重加算税の賦課決定処分をしたという事案である。

　最高裁は、架空名義の利用や資料の隠匿等の積極的な行為が存在しないとしても、判示の事実関係の下においては、確定的な脱税の意思に基づき多額の雑所得を秘匿して税理士に過少申告させたものであり、重加算税の賦課要件を満たすと判断した。

関係図

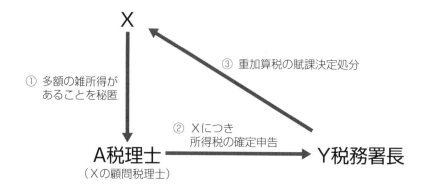

争点

　積極的な隠匿等の行為までは認められないXに対し、重加算税を賦課することができるか。

判決要旨

　重加算税を課するためには、過少申告行為そのものが隠ぺい等に当たるだけでは足りず、それとは別に、隠ぺい等と評価すべき行為が存在し、これに合わせた過少申告がされることを要する。

　しかし、重加算税制度の趣旨からすれば、積極的な隠匿等の行為までが必要であると解するのは相当でなく、納税者が、当初から所得を過少に申告することを意図し、その意図を外部からもうかがい得る特段の行動をした上、その意図に基づく過少申告をしたような場合には、重加算税の賦課要件が満たされるものと解すべきである。

　Xは、当初から所得を過少に申告することを意図した上、その意図を外部からもうかがい得る特段の行動をしたものであるから、その意図に基づいてXのした本件の過少申告行為は、重加算税の賦課要件を満たすものというべきである。

評釈

1　過少申告に基づく重加算税の賦課のためには、仮装隠ぺいがあるだけでは足りず、過少申告が、仮装隠ぺいに基づくものであることを要する。そうでなければ、過少申告の認識がある場合すべてが、重加算税の賦課要件を満たすことになってしまうからであると言われている。

2　最判平成 6 年 11 月 22 日（前項 判例 **1-1** 「つまみ申告事件（ことさら過少事件)」）は、事実関係からして、納税者はことさらな過少申告をした、という表現を用い、納税者の過少申告について、単なる過少申告ではなく、隠ぺいに基づくものであると判断した。

これに対し、本件では、最高裁は、「当初から所得を過少に申告することを意図した上、その意図を外部からもうかがい得る特段の行動をし、その意図に基づいて過少申告をしたような場合には、重加算税の賦課要件を満たす」と述べている。「ことさらな過少申告」という表現こそ用いていないが、平成6年の判例の趣旨を踏襲しつつ、重加算税が賦課される場合をある程度一般化したものと評価できるだろう。

❸　本件では、Xが、A税理士に対し、多額の雑所得があることを秘匿した、という点をどのように評価するか、という点も問題となった。すなわち、Xは、「税理士に対し秘匿しただけであって、税務署等に対して秘匿したわけではない。税理士は税務署等の代理人なのか」と主張したのである。

　しかし、この点について、最高裁は、税理士を税務署等と同視することはできないが、税理士には納税義務の適正な実現を図る使命があり、単なる納税者の履行補助者にはとどまらないとして、Xの主張を一蹴した。

判決後の動向等

　本判決が、積極的な隠匿等の行為が認められないが重加算税の賦課要件を満たす場合について、ある程度一般化したことによって、一定の行為指針が示されたと言えるだろう。また、平成12年に重加算税の取扱いに係る事務運営指針が定められたことは、 判例 1-1 においても指摘したところである。

　とはいえ、実際の税務調査では、申告額が過少であることそのものにつき、「故意の隠ぺいである」とか「過少に申告する意図を外部からうかがい得る特段の行動である」などと評価するかのような指摘がなされることも、皆無ではないように思われるので、注意しておきたい。

より詳しく学ぶための『参考文献』

- 判例タイムズ 877 号 163 頁
- ジュリスト 1073 号 313 頁
- 最高裁判所判例解説民事篇（平成 7 年度・上）471 頁
- TAINS コード：Z209-7518

パチンコ平和事件

最判平成 16 年 7 月 20 日（集民 214 号 1071 頁）

概　要

　本件は、過少申告加算税の賦課を免れる要件である「正当な理由」が、納税者にあったか否かが問題となった事例である。

　同族会社 A 社の出資者 X が、A 社に対し無利息で金員の貸付をしたところ、Y 税務署長が、いわゆる行為計算否認の規定を適用し、X には利息相当分の雑所得があるものとして、X に対し、更正処分及び過少申告加算税の賦課決定処分を行った。

　このうち上記「正当な理由」について、X は、東京国税局が編集等に関与した解説書等の存在を理由に「正当な理由」があると主張したが、最高裁は、「正当な理由」は認められないとした。

関係図

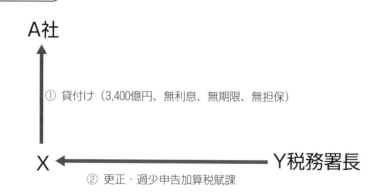

争点

Xに「正当な理由」が認められるか。

判決要旨

　本件の貸付けは、多額の金員を無利息、無期限、無期限、無担保で貸し付けたものである上、経営責任を果たすためのもの、社会通念の範囲の好意的援助、倒産等による損害の拡大を防止するためのもの等とも認められない不合理不自然なものであって、いわゆる行為計算否認の規定の適用の有無については十分な検討が必要であった。

　他方、各解説書については、税務当局の見解が反映されていると受け取られても仕方ない面があるものの、上記のような経営責任を果たすための貸付け等を念頭に置いた解説がなされているのであり、その内容は本件の貸付けとは事案を異にしている。Xは、当時の裁判例等に照らせば、いわゆる行為計算否認の規定の適用の可能性を疑うべきであった。

　そうすると、「正当な理由」を認めることはできない。

評釈

1　前提となる更正処分については、Xの主張は、一審から上告審まで、いずれでも認められていない。

2　過少申告加算税の賦課については、一審では正当な理由はないとされ、二審では正当な理由があるとされた。

　一審は、各解説書は、税務官庁の公的見解の表示と同視することはできないし、個人から法人への無利息貸付けには常に行為計算否認の規定の適用がないという記載にもなっていないから、Xに正当な理由はないとしており、本判決とは若干ニュアンスが異なる。

　他方、二審は、各解説書は、編者等や発行者から判断して、その記載内容が税務官庁の公的見解を反映したものと認識されても無理から

ぬところがあり、ひいては、税務官庁が、個人から法人への無利息貸付けには課税しないとの見解であると誤解されても仕方ないとした。

3 これに対し、最高裁は、貸付けの態様も踏まえると、Xには十分な検討が必要であったこと、解説書に紹介されている具体的事例と本件とでは内容が異なることを指摘し、Xには正当な理由が認められないという結論を採った。

　一審・二審と比べると、最高裁の判断は、本件の具体的な事実関係をより詳細に分析した上での結論であるといえよう。

　ただ、最高裁が判断のメルクマールを明確に示していない点、経営判断に直面している当事者が、否認規定の適用の可能性を疑い、無利息とするのを控えるという判断を求められる結果になり、酷とも思われる点などについては、批判もみられる。

判決後の動向等

　「正当な理由」の判断については、その後、最高裁（最判平成18年4月20日（民集60巻4号1611頁））でメルクマールが示された。ただ、それも抽象的なものにとどまるので、事案ごとに詳細な検討が必要であることに変わりはない。

　通達等も、解説書も、実務上有用であることには違いないが、その記載内容の分析が足りないと、本件のようなトラブルを招きかねないので、注意したい。

より詳しく学ぶための『参考文献』

- 判例タイムズ 1163 号 131 頁
- ジュリスト 1292 号 185 頁
- 別冊ジュリスト 178 号 190 頁
- TAINS コード：Z254-9700

後発的事由による更正の請求の制度がない場合の不当利得返還請求事件

最判昭和 49 年 3 月 8 日（民集 28 巻 2 号 186 頁）

概　要

　Xは、B・Cに金員を貸し付けていたが、昭和 28 年分の所得税の確定申告において、この貸付金に対する昭和 28 年分の利息損害金（ただし未回収）を総所得金額に計上しなかった。そこで、A税務署長は、Xに対し、この点を指摘して更正処分を行い、さらに滞納処分を行った。

　その後、Xは、B・Cから貸付金を回収しようとしていたが（なお、Cは死亡しておりCの相続人がCの地位を承継）、B・C所有の不動産に設定を受けていた抵当権につき争いが生じ、Xがこれらの抵当権を失う恐れが強まった。また、Bらには十分な資力もなかった。そこで、Xは、Bらとの間で、Bらに元本債権の存在を認めさせる代わりに、Bらに対する利息損害金を放棄する旨の裁判上の和解をした。

　これを受けて、Xは、滞納処分を受けた金員の返還を求めて、Y（国）に対し、不当利得返還請求訴訟を提起した（当時、後発的事由による更正の請求は法定されていなかった）。最高裁は、Xによる不当利得返還請求を認めた。

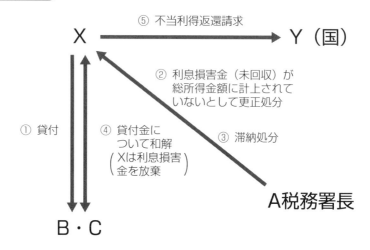

⑤ 不当利得返還請求

X ──────────────→ Y（国）

② 利息損害金（未回収）が
総所得金額に計上されて
いないとして更正処分

① 貸付　④ 貸付金に
ついて和解
（Xは利息損害
金を放棄）

③ 滞納処分

A税務署長

B・C

争点

　雑所得となる金銭債権が後日貸倒れにより回収不能となった場合に、課税庁による課税処分が取消し又は変更されなくても、不当利得返還請求は認められるか。

判決要旨

　貸倒れの発生と貸倒額が客観的に明白で、課税庁にその認定判断権を留保する合理的必要性がないと認められるときは、課税処分が取消し又は変更されなくても、不当利得返還請求は認められる。

評　釈

1　現在では、本件のような場合でも、後発的事由による更正の請求をすることができる。

　しかし、本件当時は、事業所得となる貸倒れについては損金処理が認められていたものの、雑所得となる貸倒れについては救済規定がな

かった。そこで、Xは、民法上の不当利得返還請求を行ったものと考えられる。

2 　一般人の感覚であれば、単純に不当利得返還請求を認めてよいようにも思われる。

　　しかし、国の利得の原因となった課税処分は行政処分であって、瑕疵が重大明白であるため処分が無効であるか、権限ある機関により処分が取り消されない限り、国の利得に法律上の原因がないとはいえない（不当利得とはいえない）と解されている（公定力）。そのため、不当利得返還請求を認めるとしても、どのような根拠によるかが問題であった。

3 　これについて、最高裁の判断の概要は以下のとおりであり、最高裁は、一定の場合に不当利得返還請求が認められるとの結論を採った。

　所得税法が、課税所得及び税額の決定・是正を課税庁の認定判断に委ねている以上、貸倒れの存否及び金額についても、まず課税庁が認定判断し、必要な是正措置を採ることが期待されている。

　しかし、課税庁がかような措置を採らない場合に納税者が是正を求める権利を認めた規定がなかったこと、課税所得及び税額の決定・是正が課税庁の認定判断に委ねられたのは、専ら徴税の技術性や複雑性を理由とすることに鑑みれば、貸倒れの発生と貸倒額が客観的に明白で、課税庁にその認定判断権を留保する合理的必要性がないと認められるときは、課税処分が取消し又は変更されなくても、不当利得返還請求が認められるものというべきである。

　　公定力に関する議論は複雑に展開されていたが、最高裁は、それらの議論のいずれかを前に進めたというより、救済の必要性と相当性の観点から判断基準を導いたように思われる。公定力に関する議論については、下記参考文献の中でも触れられているので、ご興味があれば各自研究されたい。

4 　なお、「貸倒れの発生と貸倒額が客観的に明白で、課税庁にその認

定判断権を留保する合理的必要性がないと認められるとき」という基準は厳格に過ぎ、不当利得が成立する範囲を相当に制限するものではないかとの指摘もなされている。

判決後の動向等

ほどなく後発的事由による更正の請求の制度が定められたが、本件に関する議論の影響も大きかったと思われる。

当該制度により調整できる問題については、今後同様の問題は起こらないということになるのであろうが、税制は極めて複雑で、似たような制度不備が残存していることはあり得る。そうした問題に直面した際、本件の判断は参考になろう。

より詳しく学ぶための『参考文献』

- 最高裁判所判例解説民事篇（昭和 49 年度）198 頁
- 判例タイムズ 309 号 255 頁
- 金融法務事情 721 号 31 頁
- ジュリスト 567 号 57 頁
- ジュリスト 590 号 32 頁
- 租税判例百選〔第 7 版〕200 頁
- TAINS コード：Z074-3282

虚偽の遺産分割協議の無効確認判決の確定を後発的理由とする更正の請求事件

最判平成 15 年 4 月 25 日（集民 209 号 689 頁）

概　要

XABCD を相続人とする相続が開始したが、同人らは、真実そのように遺産分割する意思はなかったのに、通謀の上、相続税を最も軽減できる内容の遺産分割が成立したものとして、虚偽の遺産分割協議書を作成した。そして、Xは、当該遺産分割協議書の内容に基づき相続税の申告をした。

その後、X と ABCD 間で紛争が生じたため、ABCD は、Xに対し、遺産分割協議の無効確認請求訴訟を提起し、当該遺産分割協議の無効を確認する判決が確定した。

そこでXは、当該判決の確定により遺産が未分割となった結果、納付すべき税額が過大になったとして、Y税務署長に対し、更正の請求を行った。しかし、Y税務署長は、Xに対し、更正すべき理由がない旨の通知をした。これを受けて、Xが通知処分の取消しを求めて提訴したのが本件である。

最高裁は、Xの主張を認めなかった。

関係図

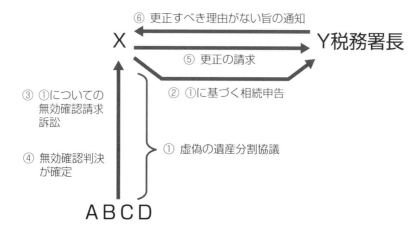

争点

虚偽の遺産分割協議の無効を確認する判決が確定したことを理由に、虚偽の遺産分割協議に基づく相続税申告につき、更正の請求をすることができるか。

判決要旨

虚偽の遺産分割協議の無効を確認する判決が確定したことを理由に、虚偽の遺産分割協議に基づく相続税申告につき、更正の請求をすることはできない。

評釈

1 虚偽の遺産分割協議を行い、それに基づく相続税申告を行う理由は様々であろうが、正面から考えれば、真実の内容の遺産分割協議・相続税申告を行うなり、未分割での申告を行うなりすべきだったといえる。

そうした虚偽の遺産分割協議につき、後日無効確認請求訴訟が提起

され、同協議を無効とする判決が確定した場合、国税通則法 23 条 2 項 1 号を適用して更正の請求を認めてよいか、というのが問題の所在である。

2 一審は、国税通則法 23 条 2 項 1 号では、「計算の基礎と異なる事実が後発的に発生したものであることを認定した判決が確定した場合に限り更正の請求を認める」といった限定はなされていないから、当初の計算の基礎となった事実と異なる事実を認定する判決が確定したこと自体を後発的事由として規定したものと解するのが相当であるとした（このように解せば、事実の発生時が申告前であろうと申告後であろうと同様の結論となる）。そして、そのことを踏まえて当該規定を合理的に解釈すると、通常、当事者においては、攻撃防御が尽くされた後の判決結果を予想し難いことから、判決が確定して初めて事実が確定したとみて、これを後発的事由と定めたと解されると述べた。

そのため、後日の判決が、一定の結論を得ることを目的とした馴れ合いの訴訟によるもので、客観的・合理的根拠を欠く場合には、その判決は国税通則法 23 条 2 項 1 号の「判決」には該当しないが、そうでない限りは「判決」に該当し、事実変動につき納税者に帰責事由があるか否かは関係ないとした。

そして、本件においては、X と ABCD の争訟の経過からして、馴れ合い訴訟により判決を得たものとまでは認められないとして、国税通則法 23 条 2 項 1 号の適用を認め、Y 税務署長による通知処分を取り消した。

3 これに対し、二審は、

① 申告時には予想し得なかった事由がその後生じたことにより、課税標準又は税額等の計算の基礎に変更を生じ、税額の減額等をなすべきこととなった場合に、申告期限から 1 年を経過していることを理由に更正の請求を認めないとすると、帰責性のない納税者に酷で

あるため、国税通則法23条2項1号が設けられたと解されること

②　申告時に計算の基礎となるべき事実が異なることを知っていたな
　らば、後にそのことが判決で確定したからといって、申告期限後に
　救済する必要はないこと

を指摘して、同項1号の「判決」に基づいて更正の請求をするために
は、申告時、計算の基礎となるべき事実が異なることを知らなかった
ことが必要であると判断した。

　その上で、Y税務署長の通知処分も適法であるとした。

4　最高裁は、Xが所定の期間内に更正の請求をしなかったことにつき
やむを得ない理由があるとはいえないから、国税通則法23条2項1
号により更正の請求をすることは許されないとだけ述べて、二審の結
論を維持し、Xの主張を退けた。

　なお、所定の期間内に更正の請求をしなかったことにつき、条文の
文言にない「やむを得ない理由」を必要とする理由や、一審・二審と
異なり無効確認判決が「判決」に該当するか否かという形で論じな
かった理由については、最高裁は言及していない。

判決後の動向等

　最高裁が「やむを得ない理由」を求めつつ、これについて上記のよう
な論理を示すにとどめ、「やむを得ない理由」を必要とする理由に言及
しなかったことについては、批判もあろう。とはいえ、更正の請求の趣
旨を考えれば、「やむを得ない理由」を必要とするとの結論は妥当であ
るようにも思われる。

　この点については、判例タイムズ1154号246頁やジュリスト1266号
208頁などで加えられている検討が参考になる。ご興味があれば、二審
の説示内容とも比較しつつ研究されたい。

より詳しく学ぶための『参考文献』

- 判例タイムズ 1121 号 110 頁
- 判例タイムズ 1154 号 246 頁
- 金融・商事判例 1180 号 25 頁
- ジュリスト 1266 号 208 頁
- 租税判例百選〔第 7 版〕210 頁
- TAINS コード：Z253-9333

- -

弁護士顧問料事件

最判昭和 56 年 4 月 24 日（民集 35 巻 3 号 672 頁）

概　要

　弁護士 X は、毎月定額で得ていた顧問料につき、給与所得として課税された方が納税額が少なく済む見込みだったことから、これを給与所得として所得税の確定申告をした。

　Y 税務署長は、顧問料収入は事業所得に当たるとして、X に対し更正処分をした（当初更正処分）。さらにその後、顧問料の一部は給与所得のままでよかったとして、当初更正処分の税額を減額する再更正処分を行った（ただし、X の確定申告による税額よりは税額が大きかった）。

　これに対し、X は、当初更正処分と再更正処分の両方の取消しを求めて出訴した。

　最高裁は、再更正処分の取消しを求める必要はなく、当初更正処分の取消しを求めれば足りるという前提に立った上で、X と Y 税務署長の見解に相違の残る顧問料については、関連する事情に照らすと事業所得に当たるとして、X の主張を認めなかった。

関係図

```
                    ① 毎月定額の顧問料につき
                      給与所得として所得税の確定申告
X  ─────────────────────────────────────────▶  Y税務署長
   ◀─────────────────────────────────────────
                    ② 顧問料収入は事業収入として増額更正
   ◀─────────────────────────────────────────
                    ③ ②で事業所得と認定したうちの一部は
                      給与所得でよいとして再更正
                      （①より増額、②より減額）
```

争点

1 更正処分後、減額再更正処分がなされた場合、取消訴訟の対象となるのは当初の更正処分か、減額再更正処分か、その両方か。

2 Xの顧問料収入は給与所得に該当するか。

判決要旨

1 更正処分後、減額再更正処分がなされた場合、取消訴訟の対象となるのは当初の更正処分であり、減額再更正処分について取消しを求めても判断の対象とはならない。

2 本件の事情の下では、Xの顧問料収入は事業収入に該当し、給与所得には該当しない。

評釈

1 本件とは異なる場合であるが、更正処分後に増額再更正処分がなされた場合について、当初更正処分は再更正処分の処分内容としてこれに吸収され一体となってその外形は消滅し、増額再更正処分が課税標準・税額を全面的に変更する処分となるものと解されている（吸収説）。この場合、納税者は、増額再更正処分の取消しを求めて争えば

よく、逆に当初更正処分の取消しを求めて訴訟提起しても、訴えの利益がなく不適法却下となる。

　このように解されるのは、増額再更正は、当初更正をそのままとしつつ、さらに増額すべきだったのに脱漏した部分のみを追加的に更正する、というものではなく、再調査により判明した結果に基づき、全体としての課税額を決定するものだからであると説明されている。

2　これに対し、本件では、更正処分後に減額再更正処分がなされた。

　一審は、更正処分後に増額再更正処分がなされた場合と同様に解して、当初更正についての訴えを却下した（再更正については棄却）。

　二審も、一審の判示内容を支持した。また、減額再更正処分は必ずしも常に更正処分の単純な一部取消ではなく、課税標準の内容等の変更をもたらす場合もあるとも指摘した。

　しかし、最高裁は、減額再更正の実質は、当初の更正処分の部分的な変更（一部取消）にとどまり、それ自体は別個独立の課税処分ではなく、なお当初の更正処分が残存しているとの趣旨のことを述べた上で（一部取消説）、再更正については、取消しを求めても判断の対象にはならないとして訴えを却下し、当初更正について本案審理を行った。

3　そして、最高裁は、事業所得とは、自己の計算と危険において独立して営まれ、営利性、有償性を有し、かつ反覆継続して遂行する意思と社会的地位とが客観的に認められる業務から生ずる所得をいうこと、給与所得とは、雇用契約等に基づき、使用者の指揮命令に服して提供した労務の対価として使用者から受ける給付をいうが、とりわけ、給与支給者との関係において何らかの空間的、時間的な拘束を受け、継続的ないし断続的に労務又は役務の提供があり、その対価として支給されるものであるかどうかか重視されるべきことを指摘した。

　その上で、本件では、顧問先からの法律相談等は本来の弁護士の業務と別異のものではないこと、勤務時間・場所の定めはなく、特定の

会社の業務に定時専従する等格別の拘束はなかったこと、Xが各顧問先に出向くことは全くなかったこと、各顧問先の相談回数もまちまちで回数も多くはなかったこと、各顧問先は給与ではなく報酬として経理処理していたことなどから、本件の顧問料収入は、給与所得ではなく事業所得に当たると判断した。

判決後の動向等

本件は、減額再更正後の処分取消訴訟の対象を最高裁として明らかにした事件であった。

増額再更正の場合と減額再更正の場合とで結論が異なるため、理解しにくいと感じる方もいるだろうが、それぞれの場合について、**評　釈**
1・**2**のように説明されているので、ご確認いただきたい。なお、増額再更正の場合については、本判決の少し前に最高裁判決がなされている[注]。

この種の案件では、取消しの対象の選択を誤る可能性がある。実務上は、却下前に裁判所から訴えの変更を促される場合もあるだろうが、申立時に注意したい。

また、本件は、事業所得と給与所得の区別について、考慮要素を挙げ、具体的な判断を示している点でも参考になる。

より詳しく学ぶための『参考文献』

- 最高裁判所判例解説民事篇（昭和56年度）275頁
- 判例タイムズ442号88頁
- ジュリスト746号92頁
- ジュリスト768号49頁
- 租税判例百選〔第3版〕52頁
- 租税判例百選〔第7版〕76頁
- TAINSコード：Z117–4787

（注）最判昭和55年11月20日（集民131号135頁）

まからずや事件

最判昭和 42 年 9 月 19 日（民集 21 巻 7 号 1828 頁）

概　要

　X社は、青色申告書による申告の承認を受けていた。X社は、ある事業年度につき、所得を 106 万円として法人税の確定申告をした。Y 税務署長は、X社からその代表者への借地権の贈与があったなどと認め、所得は 242 万円であるとして更正処分を行った（第 1 次更正処分）。なお、更正通知書の更正の理由の欄には、「寄附金 127 万円」とあるのみだった。

　X社は、認定された所得金額に誤りがあり、更正の具体的根拠も明示されていないとして、第 1 次更正処分の取消しを求めて提訴した。訴訟係属中、Y 税務署長は、更正通知書の附記理由に不備があることを認め、これを是正するため、いったん、所得金額や税額等は確定申告書どおりであるとする再更正処分をし（第 2 次更正処分）、さらに、更正の具体的根拠を明示しつつ所得金額や税額等は第 1 次更正処分と同様とする再々更正処分をした（第 3 次更正処分）。そして、この 2 件の更正処分の通知書を、1 通の封筒に同封して、Xに送付した。

　そのうえで、Y 税務署長は、訴訟において、第 1 次更正処分は第 2 次更正処分により取り消されているから、第 1 次更正処分の取消しを求める訴えの利益はないと主張した。最高裁も、このYの主張を認めた。

関係図

① 確定申告
③ 第1次更正処分の取消しを
　求めて提訴

X社 ⟶ Y税務署長

② 第1次更正処分
④ 第2次更正処分 ⎫
④ 第3次更正処分 ⎭ 1通の封筒で送付

争点

第1次更正処分の取消しを求める訴訟の係属中に、第1次更正処分の瑕疵を是正するための更正（第2次更正処分）と、改めての更正（第3次更正処分）が行われた場合、第1次更正処分の取消しを求める当初の請求につき、訴えの利益はあるか。

判決要旨

第1次更正処分の取消しを求める訴訟の係属中に、第1次更正処分の瑕疵を是正するための第2次更正処分と、改めての第3次更正処分が行われた場合でも、第1次更正処分の取消しを求める当初の請求は、訴えの利益を失う。

評釈

❶ 「訴えの利益」とは、当事者が設定した訴えについて裁判所が判決をすることが、紛争解決に適しているかどうかを判断する訴訟要件であり、これが欠ければ、裁判所は、訴えの中身を認めるかどうかの判断すら行わない（ただし、訴えの利益については、形式的に判断できないことも多く、結果的に訴えの利益を欠くとしても、速やかに訴訟が終結するとは限らない）。

2 　本件では、第2次・第3次更正処分が行われたことから、第1次更正処分の取消しを求めることに訴えの利益があるのかどうかが問題となった。

　これについて最高裁は、第2次更正処分は、第3次更正処分を行うための前提手続にすぎず、また、第3次更正処分も、実質的には第1次更正処分の附記理由を追完したにとどまり、これらの行為の効力に疑問がないわけではない、と指摘しつつ、そうはいっても、各処分は各々独立であり、第1次更正処分は第2次更正処分によって取り消され、第1次更正処分とは別個に、新たに第3次更正処分が行われたといわざるを得ず、そうであれば、第1次更正処分の取消しを求めるにすぎない本件の訴えは、第2次更正処分の行われた時以降、その利益を失った、とした。

3 　これに対し、本件では、田中裁判官の反対意見が付いている。

　田中裁判官は、本件でのX社の狙いに即して実質的に解釈すれば、X社は、自らの確定申告額の正当性を主張しているのにすぎないのであって、Y税務署長の一方的な再更正・再々更正に対し、常に相次いで訴えの変更をして対応しなければならないのは、納税者の救済制度の趣旨に沿わないと述べ、訴えの変更を待たずに、再更正・再々更正についても本件に含めて判断すべきだった（本件では、第3次更正処分の当否について判断すべきだった）と指摘した。

　このように解釈すべきかどうかはともかく、X社に訴え変更の煩を負わせてでも、第3次更正処分の当否を審理すべきではなかったかと思われる。

判決後の動向等

　更正と再更正の関係や学説の動向については、前項 〔判例 1-6〕 「弁護士顧問料事件」で述べたので、そちらも参照されたい。

　田中裁判官が指摘する、再更正が当初の更正に吸収されるという考え方は、判例1-6 で紹介した吸収説の逆であるため、逆吸収説とも呼ばれる。田中裁判官が逆吸収説の立場に立ったのは、本件の第2次・第3次更正処分の特殊性を踏まえてのこととも考えられる。

より詳しく学ぶための『参考文献』

- 最高裁判所判例解説民事篇（昭和42年度）425頁
- 金融・商事判例88号16頁
- ジュリスト398号335頁
- 租税判例百選〔第7版〕230頁
- TAINSコード：Z048-1647

相続税延滞税事件

最判平成 26 年 12 月 12 日（集民 248 号 165 頁）

概　要

　亡Aの相続人である 3 名の子のうちB以外の X1・X2 は、申告期限内に相続税の申告をし、それとともに、X1 は 4,185 万円、X2 は 4,556 万円を納付した。その後、X1・X2 は、相続財産である土地の評価額が時価より高いことを理由として更正の請求をした。

　所轄税務署長は、更正の請求の一部を認め、X1 の納付すべき税額を 3,035 万円、X2 の納付すべき税額を 3,353 万円とする減額更正をして、これに基づき必要な還付を行った。X1・X2 は、当該減額更正における土地の評価額はなお高いとして、異議申立てをしたが、所轄税務署長はこれを棄却した。

　その後、所轄税務署長は、異議申立て棄却の際の土地の評価額の見直しによれば、減額更正時の評価額は時価よりも低かったとして、X1 の納付すべき税額を 3,071 万円、X2 の納付すべき税額を 3,391 万円とする増額更正をした。

　X1・X2 がこれに従い増差本税額を納付したところ、所轄税務署長は、X1・X2 に対し、相続税の法定納期限以降の延滞税の納付を催告する催告書を送付した。そこで、X1・X2 は、延滞税の納付義務がないことの確認を求める訴えを国に対して提起した。

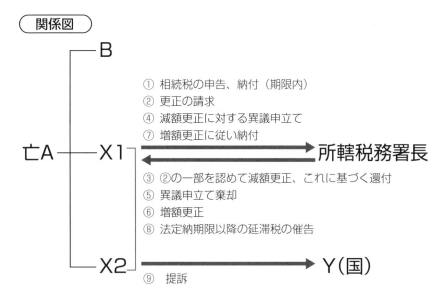

関係図

① 相続税の申告、納付（期限内）
② 更正の請求
④ 減額更正に対する異議申立て
⑦ 増額更正に従い納付

亡A — X1 → 所轄税務署長

③ ②の一部を認めて減額更正、これに基づく還付
⑤ 異議申立て棄却
⑥ 増額更正
⑧ 法定納期限以降の延滞税の催告

X2 → Y（国）

⑨ 提訴

争点

　相続税につき減額更正がされた後に増額更正がされた場合、その増額更正により新たに納付すべきこととなった税額につき、法定納期限以降の延滞税は発生するか。

判決要旨

　本件の事実関係の下では、法定納期限以降の延滞税は発生しない。

評釈

❶　原審は、国税の申告及び納付がされた後に減額更正がされると、減額された税額に係る部分の具体的な納税義務は遡及的に消滅し、その後に増額更正がされた場合には、増額された税額に係る部分の具体的な納税義務が新たに確定するのだから、増差本税額につき、更正により納付すべき国税があるときに該当するものとして、延滞税が発生する、と述べて、X1・X2の主張を認めなかった。

2 これに対し最高裁は、次のように述べて、X1・X2の主張を認めた。

> 確かに、増額更正がされた時点においては、増差本税額に相当する部分について新たに納税義務が発生し、これが未納付の状態となってはいる。しかし、本件では、増額更正後の相続税額は、当初申告に係る相続税額を下回るものであり、要するに、いったんは納付されていたものである。
>
> これが再び未納付の状態になったのは、所轄税務署長が、増額更正前の減額更正に伴い、増差本税額に相当する部分についてまで、X1・X2に還付したからであって、納税者としては、未納付の状態が発生し継続することを回避し得なかった。
>
> もしこのような場合に法定納期限以降の延滞税が発生することになるとすれば、減額更正時の課税庁の土地の評価誤りのために、当初から正しい土地の評価に基づく減額更正がされた場合と比べて税負担が増加してしまうこととなるが、これは明らかに課税上の衡平に反する。

判決後の動向等

本件は、①法定の期限までに申告及び納付をした納税義務者による更正の請求に基づいて減額更正がされ、これにより減額された税額に係る部分につき過納金が還付された後、先に納付をした税額を超えない額に増額する増額更正がされた場合であって、②減額更正は、相続財産である土地の評価誤りを理由としてされ、その後の増額更正は、減額更正における土地の評価誤りを理由としてされた場合であるという事実関係に基づく事例判断である。類似事例を検討するに当たっては、事実関係を十分に把握する必要がある。

本件の判断については、理由付けや射程が曖昧であるとの指摘もあるが、納税者の感覚に沿う妥当な判断であろうと考える。

本件後、国税庁は、「最高裁判所判決に基づく延滞税計算の概要等について」[注]を発表し、同様の場合について、本件を踏まえた見解を示した。

より詳しく学ぶための『参考文献』

- 判例タイムズ 1412 号 121 頁
- ジュリスト 1481 号 10 頁
- ジュリスト 1486 号 103 頁
- ジュリスト 1487 号 65 頁
- ジュリスト 1492 号 193 頁
- 租税判例百選〔第 6 版〕192 頁
- TAINS コード：Z777-2644

（注）https://www.nta.go.jp/information/other/data/h27/150113/01.pdf

消費税不正還付請求事件

大阪高判平成 16 年 9 月 29 日（税務訴訟資料 254 号順号 9760）

概　要

　A社は、米国法人C社に対し、電子機器等の輸出取引（本件輸出取引）をしたが、A社代表者Bは、A社の従業員Xに指示して、Xが本件輸出取引をしたものと仮装させ、消費税の控除不足還付税額があるとして、消費税の確定申告（還付申告）をさせた。そして、これに基づき、Xは、Y税務署長から消費税の還付を受けた。

　しかしその後、Y税務署長は、本件輸出取引はXでなくA社によるものであり、Xに控除不足還付税額はないとして、Xに対し、更正処分及び重加算税の賦課決定処分をした。そこで、Xが当該各処分の取消しを求めて提訴したのが本件である。

　一審は、重加算税の賦課決定処分を取り消したが、二審は、これを覆した。

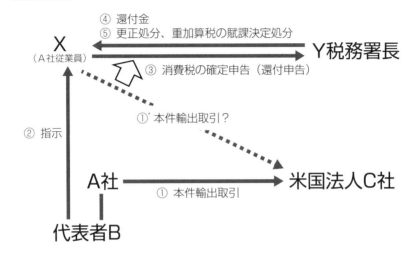

関係図

争点

消費税の課税要件事実を満たしていないXが、国税通則法2条5号の「納税者」に当たるか。

判決要旨

本件の事情の下では、Xは、国税通則法2条5号の「納税者」に当たる。

評釈

❶　Xは、還付申告はA社の使者としてしたもので、単にBにXの名義を貸しただけであるとか、仮にXが還付申告をしたとしても、仕入れ・代金決済がA社によってなされただけで、本件輸出取引はXの個人事業として行われたものである、などと主張して、更正処分の適法性を争った。

　しかし、一審・二審とも、Xは自己の意思に基づき還付申告をした、取引態様からして本件輸出取引はA社に帰属する、などと認定し

て、Xの主張を退けた。

2 さらに、Xは、重加算税の賦課決定処分の適法性も争った。

これについて、一審は、次のように述べて、Xの主張を認めた。

- 国税通則法2条5号は、「納税者」とは、国税に関する法律の規定により国税を納める義務がある者などをいうと明確に規定している。
- しかし、還付金の還付は、実体法上、国が保有すべき正当な理由がないため還付を要する利得の返還であり、一種の不当利得であって、還付金が更正によって減少した場合であっても、常に納税義務まで増加させるわけではない。
- 実際、国税通則法65条1項には「当該納税者」との文言があるけれども、文言上、還付金が更正によって減少した場合を予定していないと考えられる。

しかし、二審は、次のように述べて、一審の判断を覆し、Xの主張を退けた。

- 申告納税方式の場合、有効な納税申告をしたならば、実体上の課税要件の充足を必要的な前提条件とすることなく、申告と同時に税額の確定された具体的納税義務が成立すると解するべきである（形成的効力）。
- Xは、本来消費税が免除されている小規模事業者であるが、自ら消費税課税事業者選択届出書を提出し、消費税の納税義務者となった。そして、自らの意思に基づき、有効に還付申告をした。したがって、課税要件事実が発生していなくても、還付申告により、観念的・抽象的には納税義務が成立している。
- 有効な納税申告があった場合、その是正は更正によるべきものと定められている。したがって、Y税務署長は、Xに対し、必要な更正処分をし得る。そして、更正処分により、Xは、減少した還付金の返還義務を負うこととなった。その実質は不当利得ではあるが、一定の納税額を前提とする以上、還付金自身「国税」の性質を有し、その返還義務はまさに納税義務である。したがって、Xは「納税者」に該当する。

---

3 二審の判断は、結論として妥当と思われるが、条文の文言上、上記のように判断する根拠が一見明確でないことから、本件のような争訟

に発展したものと思われる。

判決後の動向等

　本件は、それまで意識して論じられてこなかった国税通則法における「納税者」の具体的な意義について明らかにし、個別の税法上の課税要件を満たさない者であっても「納税者」に当たり得ることを指摘した点で、実務的な意義があると評されている。

より詳しく学ぶための『参考文献』

- 判例タイムズ 1185 号 176 頁
- 判例タイムズ 1215 号 258 頁
- 税大ジャーナル 1 号　花角 和男、小林 幹雄「消費税の課税事業者を装って不正還付申告をした場合の重加算税の賦課決定の是非について」
- TAINS コード：Z254-9760

課税処分と信義則事件

最判昭和 62 年 10 月 30 日（集民 152 号 93 頁）

概　要

　Xの実兄・養父であるAは、戦前より、B商店の屋号で、酒類販売業を営んできた。なお、B商店での事業所得については、Aにおいて青色申告の承認を受けていた。

　アルコール依存症により、AがB商店の経営をすることは困難となったため、Xは、昭和 25 年頃からB商店の営業に従事し、昭和 29 年頃からはXが中心となってB商店の運営を行うようになった。B商店の事業所得については、従前どおり、A名義で青色申告を行っていた。しかし、昭和 46 年分以降については、Xは、X名義で青色申告を行うようになった（なお、Xにおいては、青色申告の承認なし）。

　Aは昭和 47 年 9 月に死亡し、Xがこれを相続した。Xは、その後も、青色申告の承認なく、B商店の事業所得について、X名義で青色申告を行った。

　これを受けて、Y税務署長は、Xに対し、昭和 48・49 年分の所得税について、白色申告とみなして更正処分をした。

　Xは、一連の経過からして当該処分は信義則に反するとして、当該処分の取消訴訟を提起した。一・二審はXの主張を認めたが、最高裁は、二審の判断方法に誤りがあるとして二審の判決を破棄し、本件を二審に差し戻した。

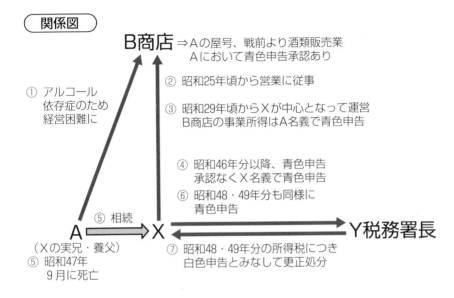

関係図

B商店 ⇒Aの屋号、戦前より酒類販売業
　　　　　Aにおいて青色申告承認あり

① アルコール
　　依存症のため
　　経営困難に

② 昭和25年頃から営業に従事

③ 昭和29年頃からXが中心となって運営
　　B商店の事業所得はA名義で青色申告

④ 昭和46年分以降、青色申告
　　承認なくX名義で青色申告

⑥ 昭和48・49年分も同様に
　　青色申告

⑤ 相続

A ⇒ X → Y税務署長

（Xの実兄・養父）
⑤ 昭和47年
　　9月に死亡

⑦ 昭和48・49年分の所得税につき
　　白色申告とみなして更正処分

争点

　課税処分の取消事由として、信義則違反の主張が認められるか。また、これが認められるのはどのような場合か。

判決要旨

　課税処分を信義則の法理により違法なものとして取り消すことができる場合があるとしても、租税法律主義の原則からして、その適用については慎重でなければならない。租税法規の適用における納税者間の平等、公平という要請を犠牲にしてもなお課税を免れさせ、納税者の信頼を保護しなければ正義に反するといえるような特別の事情が存する場合に、初めて信義則の法理の適用の是非を考えるべきものである。

　そして、この特別の事情が存するかどうかの判断に当たっては、少なくとも、税務官庁が納税者に対し信頼の対象となる公的見解を表示したことにより、納税者がその表示を信頼しその信頼に基づいて行動したところ、のちにその表示に反する課税処分が行われ、そのために納税者が経

済的不利益を受けることになったものであるかどうか、また、納税者が税務官庁の表示を信頼しその信頼に基づいて行動したことについて納税者の責めに帰すべき事由がないかどうかという点の考慮は不可欠である。

評 釈

1 一審は、判断の前提として、青色申告制度が帳簿書類を一定の形式に従って保存整備させ、不実記載がないことを担保させることによって、納税者の自主的かつ公正な申告による課税の実現を確保しようとする制度であることから考えると、制度趣旨を潜脱しない限度においては、青色申告の承認がなされていなかったとしても、青色申告としての効力を認めてもよい例外的な場合がある旨述べた。

その上で、Xが昭和46年分の所得について青色申告したところ、Yは、これを受理しただけでなく、その後は昭和47〜50年分の所得税について青色申告用紙をXに送付した点、Aは既に青色申告の承認を受けており、Xが中心となってB商店の運営を行うようになった昭和29年分以降、昭和45年分に至るまで、青色申告を継続したが承認を取り消されることはなかった点、昭和46年以降も、事業所得の名義がAからXに変わっただけで、経営実態や帳簿書類の整備保存態勢に変化はなかった点を指摘し、そうした特段の事情がある場合には、Xが青色申告の承認申請をしなかったとしても制度趣旨に反しないから、YがXの青色申告をいったん受理した以上、Xが青色申告の承認申請をしていなかったことだけで青色申告の効力を否認するのは信義則に違反する、と判断した。

二審も、一審の判断を支持した。

2 しかし、最高裁は、二審の判断方法には誤りがあるとした。

すなわち、青色申告の制度は、申告納税制度の下において、適正課税を実現するために不可欠な帳簿の正確な記帳を推進する目的で設け

られたもので、その承認も、課税手続上・実体上種々の特典を伴う青色申告をすることのできる法的地位を納税者に付与する設権的処分であること、承認の効力は条文上一身専属的であると解されること、その一方で、青色申告の承認申請却下の要件は限定的で、みなし承認の規定もあり、申請者が遅滞なく青色申告の承認を受けられる仕組みが設けられていることなどからすると、承認の手続を経ていない者に青色申告を認める余地はなく、例外的に認められる場合があるとした二審の判断にはそもそも誤りがある、と指摘した。

そして、そうであれば、Xの所得税の確定申告についても、青色申告としての効力を認める余地はなく、白色申告として取り扱うべきであって、その前提の下で、更正処分を違法とすべき特別の事情があるかどうかを検討すべきである、と述べた。

その上で、最高裁は、上記の判決要旨に記載のとおり述べ、信義則の法理の適用には慎重であるべきで、そうであれば具体的な適用の場面も厳格かつ限定的であるべき旨指摘した。

本件についても、税務署長による申告書の受理・申告税額の収納は、申告内容の是認を意味するものではないし、納税者が青色申告書により納税申告したからといって、青色申告の承認申請をしたと解することもできないこと、税務署長が、青色申告書により納税申告してきた納税者につきその承認があるかどうかの確認を怠り、翌年分以降青色申告の用紙を納税者に送付したとしても、青色申告の承認がなされたと解釈することはできないことなどから、Y税務署長による更正処分が、Xに対して与えた公的見解の表示に反する処分であるとはいえず、信義則の法理の適用の余地はない、と結論付けた。

なお、最高裁は、更正処分の適否について更に審理を尽くさせるため、本件を二審に差し戻した。これを受けて、二審は再度審理し、Xの請求を棄却した。

判決後の動向等

　本判決は、課税処分に対する信義則の適用の有無・適用の要件について、最高裁として初めて判断したものと言われており、実務上重要な意義がある。

　本判決の射程については議論があり、必ずしも明確でないとも言われているが、いずれにしても、実際に信義則の適用により課税処分が違法となる場合は限定的であると考えられ、信義則の主張をするに当たっては慎重な検討が必要となろう。

より詳しく学ぶための『参考文献』

- 判例タイムズ 657 号 66 頁
- 判例タイムズ 706 号 324 頁
- ジュリスト 904 号 82 頁
- 租税判例百選〔第 7 版〕36 頁
- TAINS コード：Z160-6001

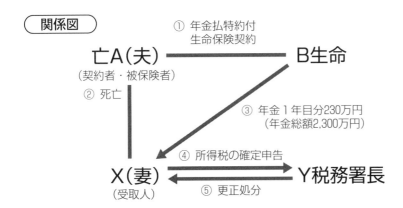

2 所得税法

生命保険年金二重課税事件

最判平成 22 年 7 月 6 日（民集 64 巻 5 号 1277 頁）

概　要

　本件は、Xが、B生命から一時払いでなく年金の形で受領することとした生命保険年金につき（Xは、一時払いと年金とを選択できた）、みなし相続財産であって非課税所得に該当するという前提で、所得金額に含めずに所得税の確定申告をしたところ、Y税務署長が、これは雑所得に該当するとして、更正処分等をしたという事案である。

　最高裁は、結論として、Xが今回受け取った生命保険年金は非課税所得に該当するとして、更正処分等を取り消した。

関係図

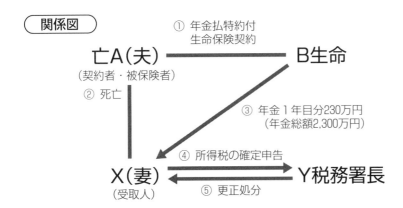

亡A（夫）
（契約者・被保険者）

① 年金払特約付
　生命保険契約

B生命

② 死亡

③ 年金 1 年目分230万円
　（年金総額2,300万円）

④ 所得税の確定申告

X（妻）
（受取人）

Y税務署長

⑤ 更正処分

Xが受け取った生命保険年金が、みなし相続財産に当たり、非課税所得となるか否か（相続税と所得税の二重課税となるか否か）。

年金受給権の取得の時における時価、すなわち、将来にわたって受け取るべき年金の金額を被相続人死亡時の現在価値に引き直した金額に相当する部分は、相続税の課税対象となる経済的価値と同一のものであり、これに所得課税もすれば二重課税となる。

本件で問題となっているのは第1回目の年金であり、支給額が被相続人死亡時の現在価値と一致するから、結局その全額について、相続税の対象というべきで、所得税を課すことはできない（非課税所得となる）。

1 一審は、年金受給権（将来にわたり総額2,300万円を受け取る権利）に相続税を課し、それとは別に個々の年金にその都度所得税を課すことが、二重課税に当たることは明らかであるとして、Xの主張を認めた。これに対し、二審は、基本債権としての年金受給権と個々の年金とは法的には別の財産であり、個々の年金は非課税所得とはならないとして、Xの主張を排斥した。

2 最高裁は、一審・二審いずれとも異なる見解を採った。すなわち、個々の年金を、被相続人死亡時の現在価値に相当する部分とそれ以外とに分け、前者については相続税の課税対象となる経済的価値と同一のものであるとした上で、上記判決要旨記載のように解した。

これは、一時払いの場合と年金払いの場合との均衡を図り、かつ、両者の支払時期の差異に基づく若干の経済的不均衡を調整したものと言えよう。

3 なお、最高裁の論理を推し進めると、個々の年金のうち、被相続人死亡時の現在価値に相当する部分を除いた部分については、支給の年度においてそれぞれ所得課税がなされるということになろうが、本件では、その具体的な計算等は問題となっていない（この点についてご興味があれば、判例タイムズ 1324 号 80 頁をご参照いただきたい）。

判決後の動向等

本判決がなされたことにより、同種事案について、過去に遡って特別還付金の支給措置が講じられた[注1]ことは、記憶に新しい。また、本件を踏まえ、所得税法施行令の改正[注2]もなされた。本判決の影響は、相当大きかったと言えるだろう。

本件同種事案については立法上の手当がなされたが、一般論として、実務上の取扱いとしては定着していても、本事例のような穴が見つかる場合もあるので、その意味で、本件を良い教訓とすべきであろう。

より詳しく学ぶための『参考文献』

- 判例タイムズ 1324 号 78 頁
- ジュリスト 1423 号 100 頁
- 金融・商事判例 1354 号 48 頁
- 金融法務事情 1929 号 71 頁
- 最高裁判所判例解説民事篇（平成 22 年度・下）431 頁
- 租税判例百選〔第 7 版〕68 頁
- TAINS コード：Z260–11470

（注1）国税庁「特別還付金の支給制度等について（情報）」（平成 23 年 6 月 30 日）
https://www.nta.go.jp/law/joho-zeikaishaku/shotoku/shinkoku/110630/all.pdf
（注2）所得税法施行令の一部を改正する政令（平成 22 年政令第 214 号）

アプライド事件

最判平成 17 年 1 月 25 日（民集 59 巻 1 号 64 頁）

概　要

　本件は、米国法人Ａ社の 100％子会社である日本法人Ｂ社の代表取締役であったＸが、在任中にＡ社のストックオプション制度に基づきストックオプションを付与されたので、これを行使して、権利行使価格と行使時の時価との差額を利益として得て、当該利益を一時所得として税額を計算し所得税の確定申告をしたところ、Ｙ税務署長が、当該権利行使益は給与所得に当たるとして更正処分を行ったという事例であり、最高裁は、更正処分どおり、上記権利行使益は給与所得に当たると判断した。

関係図

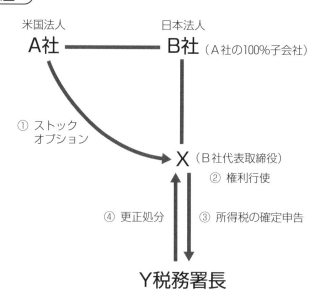

米国法人　　　　　　　　日本法人
A社 ━━━━━━━ B社（A社の100％子会社）

① ストック
オプション

X（B社代表取締役）

② 権利行使

④ 更正処分　　　③ 所得税の確定申告

Y税務署長

争点

　本件のストックオプションの権利行使益は、一時所得に該当するのか、それとも給与所得に該当するのか。

判決要旨

　本件のストックオプションの権利行使益は、A社からXに与えられた給付であり、また、職務の対価としての性質を有する経済的利益であることは明らかだから、給与所得に該当する。

評　釈

1　ストックオプションの権利行使益については、従来、一時所得として取り扱われてきた。しかし、平成10年頃から、いわゆる税制非適格ストックオプションの権利行使益については、給与所得として課税されるようになり、課税庁は、それ以前に一時所得として申告された分についてまで更正処分を行ったので、多くの紛争が生じた。

2　本件も、そうした紛争のうちの1つである。本件のストックオプションの権利行使益について、一審は一時所得に当たるとし、二審はこれを覆して給与所得に当たるとした。

3　最高裁の判断は、次のようなものであった。

　本件のストックオプションは、被付与者の生存中はその者のみが行使できるものであり、被付与者はこれを行使することによって初めて経済的な利益を受けることができるものである。そうであるとすれば、A社は、Xに対し、ストックオプションを付与し、所定の権利行使価格で株式を取得させたことによって、権利行使益を得させたものであるということができるから、当該権利行使益は、A社からXに与えられた給付に当たる。

　また、当該権利行使益は、B社ではなくA社から与えられたものだが、A社は、B社の発行済み株式の100%を有しており、Xは、A社の統括の下にB

社の代表取締役としての職務を遂行していたといえる。そして、A社のストックオプション制度は、グループ会社の精勤の動機付けなどを企図したものであり、XがB社の代表取締役としての職務を遂行しているからこそ、A社はXにストックオプションを付与したものであって、当該権利行使益が職務の対価としての性質を有する経済的利益であることは明らかである。

そうであれば、当該権利行使益は、給与所得に当たるというべきである。

判決後の動向等

本判決は、本件のようなストックオプションの権利行使益につき、初めて、給与所得に当たると判断したものである。ストックオプションの具体的内容は事例ごとに多少異なり得るものの、基本的な枠組みが類似であるものも多いと思われ、本判決は、各社のストックオプションの運用等に大きな影響を及ぼしたといえるだろう。

もっとも、XはB社の代表取締役である一方、本件のストックオプションは、あくまでB社ではなくA社から付与されたものであり、労務対価性を緩やかに解し過ぎているのではないかという指摘もみられるところである。

なお、本判決の後、類似の事例で、過少申告加算税の賦課について争い、国税通則法第65条第4項の「正当な理由」があると認められた事例もある[注]。

より詳しく学ぶための『参考文献』

- 最高裁判所判例解説民事篇（平成17年度・上）39頁
- 判例タイムズ1174号147頁
- 労働判例885号5頁
- ジュリスト1310号147頁
- 租税判例百選〔第7版〕78頁
- TAINSコード：Z255-09908

（注）マイクロソフト事件、最判平成18年10月24日（民集60巻8号3128頁）

判例 **2-3**

弁護士夫婦事件

最判平成 16 年 11 月 2 日（集民 215 号 517 頁）

概　要

　本件は、弁護士Xが、配偶者A（Xと生計を一にするが、Xとは独立して弁護士業を営んでいる）に対し、Xの業務に従事した労務の対価として報酬を支払い、これを事業所得の必要経費に算入して所得税の確定申告をしたところ、Y税務署長が、所得税法 56 条を適用し、Aへの報酬を必要経費に算入することを認めず、更正処分を行ったという事案である。

　最高裁は、所得税法 56 条^(注)の適用を肯定し、Xの主張を認めなかった。

（注）所得税法 56 条《事業から対価を受ける親族がある場合の必要経費の特例》
　居住者と生計を一にする配偶者その他の親族がその居住者の営む不動産所得、事業所得又は山林所得を生ずべき事業に従事したことその他の事由により当該事業から対価の支払を受ける場合には、その対価に相当する金額は、その居住者の当該事業に係る不動産所得の金額、事業所得の金額又は山林所得の金額の計算上、必要経費に算入しないものとし、かつ、その親族のその対価に係る各種所得の金額の計算上必要経費に算入されるべき金額は、その居住者の当該事業に係る不動産所得の金額、事業所得の金額又は山林所得の金額の計算上、必要経費に算入する。この場合において、その親族が支払を受けた対価の額及びその親族のその対価に係る各種所得の金額の計算上必要経費に算入されるべき金額は、当該各種所得の金額の計算上ないものとみなす。

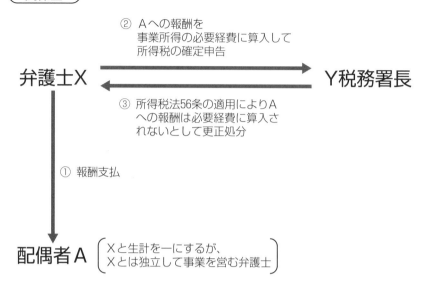

関係図

② Aへの報酬を
事業所得の必要経費に算入して
所得税の確定申告

弁護士X → Y税務署長

③ 所得税法56条の適用によりA
への報酬は必要経費に算入さ
れないとして更正処分

① 報酬支払

配偶者A 〔 Xと生計を一にするが、
Xとは独立して事業を営む弁護士 〕

争 点

　Xと生計を一にする配偶者Aが、Xと別に事業を営む場合であって
も、XがAに支払った報酬につき、所得税法56条が適用されるか。

判決要旨

　AがXと別に事業を営んでいたとしても、所得税法56条が適用され
る（XがAに支払った報酬を、Xが事業所得の必要経費に算入することはで
きない）。

評 釈

1　所得税法56条の適用要件は、①支払対象者が居住者と生計を一に
する親族であることと、②支払対象者が、居住者の事業に従事し、対
価の支払いを受けることの2点である。

　一審は、要件がこの2点であることは文理上明らかで、個別の事情

により同条の適用が左右されることをうかがわせる定めはないから、上記2要件が満たされる限り、個別の事情にかかわらず、同条が適用されるとして、Xの主張を退けた。

　二審も、これと同様の結論を採った。

2　そして、最高裁も、「親族への対価の支払いを必要経費にそのまま算入することを認めると、税負担の不均衡をもたらす恐れがある」などとして所得税法56条の立法趣旨にも触れつつ、下級審の結論を支持した。

3　Xは、一審より、①独立して事業を営む家族は、独立性が高く、他方に従属する関係にもないので、所得税法57条の専従者控除の規定を適用できないが、それでも例外なく所得税法56条が適用されるのは不合理だし、②各自が正確に継続的に帳簿を付けているから所得の恣意的な分散により税負担の不均衡を導くのは困難であるなどとして、所得税法56条を形式的に適用すべきではないなどと主張してきたが、最高裁に至るまで、こうした主張は認められなかった。

　これらは、文言解釈を尊重した判断といえ、やはり、ここでも、文言解釈の重要性が確認できるといえるだろう。

4　なお、現行制度は、1人の事業者が、事業も、家族の生活も支配している状態を想定したものであり、所得税法56条の形式的な適用には疑問があるとの指摘もある。条文上の根拠には乏しく、本件の結論を覆す指摘とまでは言えないだろうが、立法論という観点からは、手掛かりになる考え方であろう。

5　Xは、所得税法56条の解釈について争ったほか、青色申告者である場合（所得税法57条が適用され家族労働の対価の支払いが必要経費として認められる）や、家族以外の他人を使用した場合と比較して不平等であるとして、憲法14条1項違反も主張したが、これも、一審から最高裁に至るまで認められなかった。

憲法違反の主張の判断基準及び判断の緩やかさなどは参考になると思われるので、各自研究していただきたい。

判決後の動向等

本件と前後して、弁護士である夫が、税理士である妻に対して税理士報酬を支払い、その報酬を必要経費に算入したところ、更正処分がなされたという、本件類似の事件（弁護士・税理士夫婦事件）^(注) があった。その件では、一審で必要経費算入が認められたが、二審以降は本件と同様の結論となった。一審の判示内容、事案の相違点等、参考になる部分も多いので、ご興味があれば各自研究されたい。

所得税法56条の解釈については、本件が先例的意義を有しており、さらに弁護士・税理士夫婦事件がこれに追随することで、一応の決着がついたと言えよう。

より詳しく学ぶための 『参考文献』

- 判例タイムズ 1173 号 183 頁
- ジュリスト 1314 号 165 頁
- 別冊ジュリスト 207 号 58 頁
- 租税判例百選〔第 7 版〕64 頁
- TAINS コード：Z254-9804

（注）最判平成 17 年 7 月 5 日、税務訴訟資料 255 号順号 10070

10年退職金事件

最判昭和58年12月6日（集民140号589頁）

概　要

　X社は、従業員らと協議の上、勤続満10年定年制（勤続満10年をもって定年とし、退職金も支給する。その後も改めての採用があり得る）を採用・実施した。これに基づき、従業員らは、定年に達したものとしていったんX社を退職し、X社は、従業員らに対し退職金名義の金員（本件退職金）を支給した上、これを従業員らの退職所得として、源泉徴収納付に係る所得税を納付した。なお、従業員らの大部分は、この後も従前どおりの形態でX社に勤務しており、社会保険の切替等もなされなかった。

　これを受けて、Y税務署長が、X社に対し、本件退職金は給与所得に該当するとして、源泉徴収納付義務告知処分を行ったので、X社は、これを不服として争った。

　一審・二審は、X社の主張を認め、本件退職金は退職所得に該当すると判断したが、最高裁は、原審では審理が尽くされていないとして、原審を破棄し、二審に差し戻した。

③ ②を従業員の退職所得として
　源泉徴収納付に係る所得税を納付

X社 ⟶ Y税務署長

⑤ 本件退職金は給与所得に該当する
　として源泉徴収納付義務告知処分

① 勤続満10年
　定年制を実施

② ①に基づき退職金名義の金員（本件退職金）を支給

従業員

④ 大部分は引き続きX社に勤務
　（従来どおりの勤務形態、社会保険の切替なし）

争点

本件退職金は退職所得に該当するか。

判決要旨

　本件退職金が退職所得に該当するというには、本件退職金が勤務関係の終了という事実によって初めて給付されたものであることが必要であるところ、これを判断するための審理が尽くされていない（なお、差戻審は、本件退職金は上記のようなものではなく、給与所得に該当するとして、X社の主張を排斥した）。

評釈

1　一審は、従業員には定年後の継続雇用を要求する当然の権利はない、定年者の大部分は引き続きX社に勤務しているが、それは、新たな労働力の確保が困難で、他方、会社の主力となるべき者が多く含ま

れていたからである、定年後の再雇用はあり得ることで、通達もそれを予定している、などとして、本件退職金は退職所得に該当すると判断した。

二審も、一審と同様の指摘をし、また、中小企業において勤続年限が10年というのは必ずしも短いものではないなどとして、一審の判断を支持した。

2 これに対し、最高裁は、まず、所得税法の文言や立法趣旨から考察すると、退職所得に該当するというためには、

① 退職すなわち勤務関係の終了という事実によって初めて給付されること

② 従来の継続的な勤務に対する報償ないしその間の労務の対価の一部の後払いの性質を有すること

③ 一時金として支払われること

の要件が必要であるとした。

そのうえで、勤続満10年定年制の制定の経緯等（勤続満10年定年制は、主として従業員の側から、会社倒産の危機に備えて（X社は、勤続満10年定年制実施の少し前に、会社更生法の適用を受けていた）、従来の定年である満55歳まで待たなくても退職金の支給を受けられる方法として採用してほしいと要望し、X社がこれに応じる形で実施したもので、従業員は、本件退職金が支給された段階で退職しなければならないと考えていたものではなかったし、X社も同様の意識だった）、従業員の大部分が継続雇用され雇用形態も変わらない状況等からして、勤続10年に達した時点で従業員が定年により退職したとみるのは困難であると指摘した。そして、それでも定年により退職したとみるためには、①勤続満10年定年制の客観的な運用として、定年時には退職することが原則的な取扱いであったこと、及び、②現在の勤務関係が単なる従前の勤務の延長ではなく新たな雇用であるという実質を有するものであること

が必要だが、それを判断するための審理が尽くされていないとした。

3　差戻審は、最高裁の指摘を踏まえ、①勤続満10年定年制の運用状況、②現在の勤務関係の実質について検討したが、結局、本件退職金は給与所得に該当するというべきであると判断した。

4　なお、最高裁判決には、横井裁判官による反対意見が付されている。詳細のご紹介は省略するが、我が国の終身雇用に関する状況の変化等も踏まえた意見で参考になるので、一読されたい。

判決後の動向等

本判決に先立ち、勤続満5年ごとに退職金が支給された場合について、退職所得に当たらないとした判断がなされた[注]。この先行する判決でも、本判決と同様の判断基準が用いられたが、事実関係も含めより参考になると思われた本件について解説した。

なお、本判決で用いられた判断基準は、今日でも、退職所得の該当性判断に用いられている。実際の判断基準は、条文の文言に即し、もう少し細やかなので、いちど原文を確認されたい。

より詳しく学ぶための『参考文献』

- 判例タイムズ517号112頁
- 金融商事判例700号41頁
- 判例時報1106号61頁
- 租税判例百選〔第7版〕80頁
- TAINSコード：Z134-5280

（注）最判昭和58年9月9日、民集37巻7号962頁

判例 2-5

サラリーマン・マイカー税金訴訟

最判平成 2 年 3 月 23 日（集民 159 号 339 頁）

概　要

　給与所得者Xが、自家用車（本件自動車）の運転中に自損事故を起こしたが、修理代がかかるため、これをスクラップ業者に売却した。この売却により、譲渡所得の金額の計算上損失が生じたので、Xは、給与所得の金額からこれを控除して所得税の確定申告をした。Y税務署長が、かかる損益通算は認められないとして、更正処分をしたので、Xが争ったのが本件である。

　最高裁は、Xによる損益通算の主張を認めなかった。

関係図

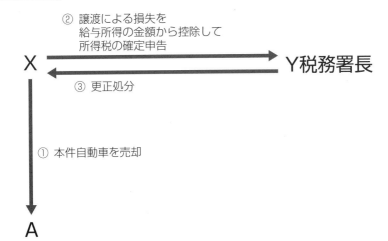

② 譲渡による損失を給与所得の金額から控除して所得税の確定申告

X　　　　　　　　　　　　　　　　Y税務署長

③ 更正処分

① 本件自動車を売却

A

本件のような事実関係の下において、Ｘが行った損益通算は認められるか。

本件自動車は、その使用状況等も踏まえると、生活に通常必要でない資産というべきであり、そうすると、所得税法 69 条 2 項等に基づき、各種所得の金額との損益通算は認められない。

1 損益通算について定めた所得税法 69 条の規定は、他の条文への委任も多く複雑であり、理解が容易ではないが、判例タイムズにおける本判決の評釈記事（判例タイムズ 732 号 184 頁）の中に、各条文・文言の関係が別図にて図示されており、理解の助けになるので、まず紹介しておく（ただし、現行の条文と若干異なる箇所があるので、各自確認されたい）。

2 Ｘは、所得税法上、生活の用に供している動産は、①生活に通常必要な動産、②生活に通常必要でない資産、③一般資産の 3 種に分類できるとした上で、本件自動車は③の一般資産に該当し、①・②には該当しないから、本件自動車が生活に通常必要な動産であるか否か等の所得税法 69 条 2 項の該当性を検討する必要はそもそもなく、単純に所得税法 69 条 1 項が適用され、損益通算が認められるなどと主張した。

3 これに対し、一審は、本件自動車の使用状況をみるに、通勤の一部ないし全部区間、また勤務先での業務用に本件自動車を利用しており、通勤・業務のために使用した走行距離・使用日数はレジャーのための使用を大幅に上回っている、車両も大衆車であり現在では自家用車が普及しているなどと指摘して、本件自動車は生活に通常必要な動

産であるとした。

　そして、そうである以上、非課税所得の規定が適用され、本件自動車の譲渡による損失の金額は、ないものとみなされるから、損益通算の規定の適用の有無について判断するまでもなく、損失の金額を給与所得の金額から控除することはできないと判断した。

4　他方、二審は、本件自動車を勤務先における業務の用に供する義務はなく、自宅からの最寄り駅以降の交通費も支給されており、それらに相当する本件自動車の使用は、生活に通常必要なものではないとして、本件自動車の使用状況について、一審と異なる考え方を採った上、本件自動車が生活に通常必要なものとしてその用に供されたのは、自宅から最寄り駅までの通勤のみで、本件自動車の使用全体のうちわずかな割合に過ぎないから、本件自動車は生活に通常必要でない資産に該当するとした。

　そして、そうである以上、所得税法69条2項により、損益通算が認められないことになると判断した。

5　そして、最高裁も、二審の結論を支持したものである。

6　なお、Xによる上記**2**の主張は、現行法上根拠のない独自の見解であるとして、いずれの審級でも採用されなかった。

判決後の動向等

　本件は、給与所得者の個人資産の減価の取扱いが、事業所得者の事業用資産の減価の取扱いと異なるように見え、不公平に感じる者がいるために、注目を集めた事例であるのだろう。

　本件のような事例以外にも、損益通算に関し不公平に感じるような事例はあり得る。ただ、少なくとも本件は、立法論としてはともかく、解釈論としては、上記のように解するほかないであろう。

より詳しく学ぶための『参考文献』

- 判例タイムズ 630 号 125 頁
- 判例タイムズ 685 号 168 頁
- 判例タイムズ 732 号 183 頁
- 判例タイムズ 762 号 318 頁
- 租税判例百選〔第 5 版〕85 頁
- TAINS コード：Z176−6478

判例 **2-6**

岩瀬事件

最決平成 15 年 6 月 13 日、東京高判平成 11 年 6 月 21 日
（高等裁判所民事判例集 52 巻 1 号 26 頁）

概　要

　Xは、地上げ屋であるA社の要望に応じ、Xの所有地をA社に譲渡し、代替地をA社から購入することとした。その際、①Xはその所有地を7億3,000万円でA社に譲渡し、②A社は代替地（時価7億8,000万円）をXに4億3,000万円で譲渡し、③A社は①と②の相殺差金3億円をXに交付するものとされた。これを前提に、Xは、その所有地の譲渡価額を7億3,000万円として譲渡所得を計算し、所得税の確定申告をした。

　しかし、Y税務署長は、上記①〜③は不可分一体の補足金付交換契約だとした上、売買でなく交換であれば、Xの収入金額は、代替地の時価に相当する金額と上記相殺差金の合計額となるから、譲渡所得の金額に誤りがあるとして、Xに対し更正処分を行った。

　そこで、Xがこの更正処分を争ったのが本件である。

　高裁はXの主張を認め、最高裁はY税務署長の上告を受理しなかった。

① 所有地を7億3,000万円で売却

X ⇄ A社

② 代替地を4億3,000万円で売却
X所有地との差金3億円のみを
支払って決済

③ X所有地の譲渡価額を
7億3,000万円として
譲渡所得を計算し確定
申告

④ ①・②の取引は不可分の補足金付交換
契約であり、そうするとXの収入金額
は代替地の時価7億8,000万円と上記
差金3億円の合計10億8,000万円で
あったとみるべきだとして更正処分

Y税務署長

争点

X所有地の譲渡の対価をいくらとみるべきか。

判決要旨

X所有地の譲渡の対価は7億3,000万円である（本件の取引は不可分
一体の補足金付交換契約であるとみなければいけないわけではない）。

評釈

1 一審は、Y税務署長の主張をおおよそ認めた。

すなわち、一審は、①X所有地の売買はそれ自体で目的を達するも
のではなく、代替地を取得し、さらに建物建築等を賄える経済的利益
を得て初めて契約の目的が達成されるものだった、②他方、A社とし

ても、代替地の売買はそれ自体で目的を達するものではなく、X所有地を取得することに目的があったのであり、代替地の売買代金も、Xが希望する経済的利益から逆算して定められたものであった（A社としては、長期的に見て利益があればよく、代替地の売買代金が時価を下回っても構わなかった）、などと指摘して、一連の取引は不可分一体の補足金付交換契約であったと認定した。

そのうえで、X所有地の譲渡の対価については、Y税務署長の主張どおりと判断した。

2 これに対し、二審は、取引の経過やX・A社の目的等については、一審と概ね同様の認定をしたものの、譲渡の対価の判断に当たっては、一審と異なる立場を採った。

すなわち、取引に際して、X・A社がどのような法形式、どのような契約類型を採用するかは、当事者間の自由な選択に任されているので、補足金付交換契約という契約類型を採用した方が実体により適合しまた直截であるかもしれないものの、だからといって、多少迂遠であっても、税負担の軽減を考慮し、各別の売買契約と各売買代金の相殺という法形式を採用することが許されないとする根拠はないと判断した。

また、二審は、①選択した法形式が仮装のもので、真実の合意を隠ぺいする目的で採用されたものなのであれば、別途の結論を採り得るが、本件では、X・A社が、各別の売買契約と各売買代金の相殺という法形式を採用する方が望ましいと判断したものと認められ、仮装のものであるとはいえない、②租税法律主義の下では、法律の根拠なしに、当事者の選択した法形式を通常用いられる法形式に引き直し課税する権限は、課税庁に認められていない、などとも指摘した。

そのうえで、X所有地の譲渡の対価については、Xの主張どおりと判断した。

3 最高裁は、かかる二審の判断を支持し、Y税務署長の上告を受理しなかった。

4 なお、事案の概要では、売主をX1名としたが、実際には、Xの母も売主となっていて、Xの母が死亡したため、本件の取引によりXの母が取得していた代替地について相続が開始しており、その相続財産の評価に関連しても、本件の取引が売買契約なのか交換契約なのかが問題となった。ご興味があればご検討いただきたい。

判決後の動向等

本件は、租税法律主義の観点から、法律の根拠なしに当事者の選択した法形式を通常用いられる法形式に引き直し課税する権限が課税庁にはないことを改めて指摘した事例である。

課税庁が、本件のような処分を行うことは、現在でもままあるように思われる。調査時に法律上の根拠をよく説明させ、根拠が明瞭でないことに気付かせることができれば、処分を未然に回避できることもあるであろう。

より詳しく学ぶための『参考文献』

- 判例時報 1656 号 72 頁
- 判例時報 1685 号 33 頁
- 判例タイムズ 1023 号 165 頁
- 判例タイムズ臨時増刊 1065 号 322 頁
- ジュリスト 1182 号 105 頁
- 租税判例百選〔第 7 版〕38 頁
- TAINS コード：Z253–9367、Z243–8431

養老保険事件

最判平成 24 年 1 月 13 日（民集 66 巻 1 号 1 頁）

概　要

　本件は、会社（Z社）が、経営者（X）を被保険者とする養老保険契約（被保険者が保険期間内に死亡した場合には死亡保険金が支払われ、保険期間満了まで生存していた場合には満期保険金が支払われる生命保険契約）の契約者となり、保険料を支払ったところ、後日、Xが、満期保険金を受け取った際に、総収入金額から控除できるか否かについて、消極に判断したものである。

　所得税法 34 条 2 項、当時の所得税法施行令 183 条 2 項 2 号には、控除できる金額が、所得者本人が負担したものに限られるか否か、明確な文言はなく、当時の所得税基本通達 34-4 は、他人が負担したものも控除できるかのようにも読めたので、争いとなった。

関係図

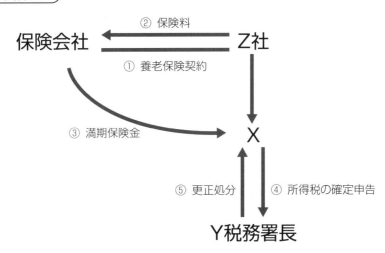

養老保険の満期保険金に係る一時所得の金額の計算上、法人が支払った保険料の控除が認められるか。

判決要旨

養老保険の満期保険金に係る一時所得の金額の計算上、法人が支払った保険料は控除できない。

評　釈

❶　Z社が支払った保険料のうち、2分の1は、Xへの貸付金と経理処理されており、実質的にXが保険料を負担したものとして、控除が認められた。本件で問題となったのは、Z社が損金処理したその余の2分の1についてである。

基本に戻って考えれば、これをXの総収入金額から控除するのはおかしいと考えられるし、Z社での損金処理とXの総収入金額からの控除の両方を認めるのも不合理である。

しかし、通達が、読み方次第では誤解する可能性のある表現であったこと、通常、施行令・通達が法律の内容を具体化していると考えられること、税務行政における通達の影響力などから、下級審は、Xの主張に一定の説得力があるものとし、最高裁と反対の結論を採用したものと思われる。

❷　「施行令・通達が法律の内容を具体化している」という見方は間違いではないが、法律の趣旨・目的に立ち戻らず、施行令・通達（特に通達）を盲目的に適用すると、時に見誤ることがある。本件はその好例であろう。

この点、最高裁は、所得税法の規定する所得区分は、個人の収入のうちその者の担税力を増加させる利得に当たる部分を所得とする趣旨

に出たものであり、同法 34 条 2 項もまた、一時所得に係る収入を得た個人の担税力に応じた課税を図る趣旨のものであるなどと指摘して、控除できるのは、所得者本人が負担したものに限られる旨判示した。そして、施行令はこれと整合的に解釈されるべきであり、通達も以上の解釈を妨げないとした。

　所得税法 34 条 2 項の文言についても、「その収入を得るために支出した金額」という表現からして、収入を得る主体と支出をする主体が同一であることが前提となっていると言及した（「支出された金額」とはなっていない）。

判決後の動向等

　本件は、事件当時の施行令、通達の範囲で理解することが可能なものであったが、それぞれの規定振りにいささか分かりにくい面もあった。そこで、現在では、意味内容が明確になるようにそれぞれ改正された。

　養老保険は、会社から役員個人に資金移動させるスキームの 1 つとしても用いられている。その契約形態は商品ごとに異なり、課税関係がどのようになるかも、商品ごとに判断する必要がある。もちろん、保険会社から顧客への説明はなされるであろうし、商品化される以上一定の検討は経ているであろうが、相談を受けた際には、上記のような法律の趣旨・目的に立ち戻った検討が必要であろう。

より詳しく学ぶための『参考文献』

- 最高裁判所判例解説民事篇（平成 24 年度・上）1 頁
- 判例タイムズ 1371 号 118 頁
- 税大論叢 66 号 106 頁
- ジュリスト 1441 号 8 頁
- ジュリスト 1446 号 118 頁
- TAINS コード：Z262-11855

賃料増額請求事件

最判昭和 53 年 2 月 24 日（民集 32 巻 1 号 43 頁）

概　要

　Xは、Aに土地を貸していたが、昭和30年、Aに対し、賃料を増額する旨の意思表示をし、昭和32年、賃料増額請求訴訟を提起した（なお、訴訟提起の前日に、Aの賃料不払に基づき賃貸借契約を解除した）。Xは、一審・二審とも勝訴した。Xの勝訴判決には、仮執行宣言が付されていた。

　Aは上告したが、上告審係属中の昭和37年及び39年に、滞納賃料・賃料相当損害金をいったんXに支払っていた（昭和37年・39年とも、賃料の増額を踏まえても、1年分の額を大きく超える額）。その後、Aの上告が棄却され、X勝訴の判決が確定した。

　Y税務署長は、Xが昭和37年及び39年に支払を受けた金員は、その各年分の不動産所得に当たるとして、Xに対し更正処分を行った。そこでXが同処分の取消しを求めて出訴したのが本件である。

　最高裁は、XがAから収受した賃料相当額は、昭和37年及び39年それぞれの不動産所得に当たり、それぞれの年分の収入金額に算入すべきであるとして、更正処分は適法であると判断した。

関係図

⑧ ⑥の各支払金は昭和37年・39年分の
　不動産所得に当たるとして更正処分

X ←――――――――――――― Y税務署長

① 昭和30年、賃料を増額する旨の意思表示
② 昭和32年、Aとの賃貸借契約を賃料不払解除
③ ②の翌日、賃料増額請求訴訟提起
④ 昭和35年、一審で勝訴（仮執行宣言付）
⑤ 昭和37年、二審でも概ね同内容で勝訴

⑥ 係争中に、未払い
　となっていた滞納
　賃料・賃料相当額
　を支払う（昭和
　37年、39年）

⑦ 昭和40年、X勝訴の判決が確定（Aの上告が棄却）

A

争点

XがAから収受した賃料相当額は、どの年分の収入金額とみるべきか。

判決要旨

　賃料について係争中であっても、これに関して金員を収受し、所得の実現があったとみることができる状態が生じていれば、その時期の属する年分の収入金額に算入すべきである。

　XがAから収受した賃料相当額が仮執行宣言に基づくものであっても、この理は当てはまる。

1 Ｘは、

① 賃料増額請求権は形成権（権利者の一方的な意思表示のみによって法律効果を生じさせることができる権利）であって、賃料増額の意思表示をした時点で既に増額されており、また、解除後の賃料相当損害金の支払期は日々到来しているから、昭和37年・39年分の不動産所得の金額は、それぞれ、1年分の賃料に相当する金額に限られる

② ①のように解せないとしても、仮執行宣言（判決確定前でも強制執行を可能とする裁判上の判断）付の一審判決により請求権を行使できるようになった以上、昭和37年・39年分の不動産所得の金額の計算は、①と同様となる

③ 他方、昭和37年・39年に収受した金員は、上告審の確定前のものであり、一時的な預託金であって、収入とみるべきではない

などと主張した。

2 一審は、

① 権利の存否・範囲について係争中の権利では、担税力を備えた経済的利益とみることはできない

② 仮執行宣言が付されても、状況によって執行を控えることもあり、現実に執行したのであればともかく、仮執行宣言付の判決が言い渡されただけでは権利の確定があったとはいえない

③ 上告審の確定前であっても、現実の支払があれば、経済的利益を享受し得ることが確実であり、担税力に欠けるところもない

などとして、Ｘの請求を棄却した。

3 これに対し、二審は、権利確定主義の観点からすると、現実の支払があったからといって、その支払時期をもって直ちに収入金額の帰属年度を決することはできないとして、改めて検討を行った。

そして、Ａの支払は、仮執行宣言に基づき給付されたものと解すべ

きで(注)、そうだとすれば、判決確定前になされた暫定的な支払といわざるを得ず（先行する判決が破棄されなければ確定的な支払となり、破棄されれば返還すべきこととなる）、Aの支払時期に権利が確定したということはできないと判断した（上告棄却の時期に確定した、とした）。

4 最高裁も、権利確定主義に触れ、権利の確定の時期は権利の特質を考慮し決定されるべきとした上で、原則として、賃料増額請求に係る増額賃料債権の存在が確定した時に、その権利が確定するものと解するのが相当であるとした。

　しかし、一方で、権利確定主義は、常に現実収入のときまで課税できないのでは、納税者の恣意を許し、課税の公平を期しがたいので、これを防止しようとして採用された徴税技術であるとも述べ、そうすると、係争中であっても、すでに金員を収受し、所得の実現があったとみることができるならば（そうした公平の問題が生じる場面ではないので）、その時期の属する年分の収入金額として所得を計算すべきなのは当然だとした。さらに、XがAから収受した賃料相当額が仮執行宣言に基づくものであっても、この理は当てはまると判断した。

判決後の動向等

　権利確定主義にいう権利の確定とは、必ずしも一義的に判断できるものではなく、事案の内容に応じて具体的に検討・判断する必要がある。

　本件でも、各審級において異なる理論が採用されているとおり、納税者として、権利の確定時期を明確に判断するのは、容易でないこともあるが、その判断の参考になると考え、本件を紹介した。

(注) 最判昭和47年6月15日民集26巻5号1000頁

より詳しく学ぶための『参考文献』

- 最高裁判所判例解説民事篇（平成 24 年度・上）1 頁
- 判例タイムズ 361 号 210 頁
- 判例タイムズ 366 号 86 頁
- ジュリスト 664 号 91 頁
- 租税判例百選〔第 7 版〕132 頁
- TAINS コード：Z097-4135

判例 2-9 --

外れ馬券事件

最判平成 27 年 3 月 10 日（刑集 69 巻 2 号 434 頁）

概　要

　Xは、馬券を自動で購入できるソフトを利用して、継続的に馬券を購入し、当たり馬券の払戻金を得ることによって、多額の利益を得ていた。しかし、Xは、これについて所得税の確定申告をしなかった。

　そこで、Y検察官は、当たり馬券の払戻金は一時所得に該当し、当たり馬券の購入代金のみを費用として控除できるという前提に立ち、総所得金額を 14 億 6,000 万円、所得税額を 5 億 7,000 万円とした上、正当な理由なく所得税の確定申告をしなかったとして、Xを起訴した。

　これに対し、Xが、Y検察官主張の総所得金額は誤っているし、確定申告をしなかったことに正当な理由があったとして争ったのが本件である。

　最高裁は、総所得金額の計算について、Y検察官の主張が誤っていることを認めた。

関係図

② 正当な理由なく所得税の
　申告をしなかったとして起訴

X ◄────────────────────── Y検察官

① 馬券自動購入ソフトに
　より継続的に馬券を購
　入し利益（無申告）

1　Xが得た当たり馬券の払戻金による利益は、一時所得に該当するか、雑所得に該当するか。

2　Xが得た当たり馬券の払戻金による利益が雑所得に該当するとして、外れ馬券の購入代金も必要経費として控除することができるか。

判決要旨

1　Xが得た当たり馬券の払戻金による利益は、雑所得に該当する。

2　外れ馬券の購入代金も、Xが得た雑所得の必要経費として控除できる。

評　釈

1　Xは、馬券を自動で購入できるソフトを利用して馬券を購入するに当たり、独自の分析結果に基づき、ソフトに条件を設定して、これに合致する馬券を抽出させ、自らが作成した計算式によって購入額を自動的に算出していた。Xは、この方法により、数年にわたって、毎週、ほとんどのレースについて、大量かつ網羅的に1日当たり数百万円から数千万円の馬券を購入し続けていた。

2　最高裁は、まず、Xが得た当たり馬券の払戻金による利益の所得区分について、所得税法の規定上、営利を目的とする継続的行為から生じた所得は、一時所得ではなく雑所得に区分されることを指摘した上、営利を目的とする継続的行為から生じた所得であるか否かは、文理に照らし、行為の期間、回数、頻度その他の態様、利益発生の規模、期間その他の状況等の事情を総合考慮して判断するのが相当であるとした。

　　そして、上記のようなXの購入方法からすると、一連の馬券の購入は一体の経済活動の実態を有するものであり、払戻金は営利を目的とする継続的行為から生じた所得であるから、雑所得であると判断した。

　この点について、検察官は、営利を目的とする継続的行為から生じた所得であるか否かは、所得や行為の本来の性質を本質的な考慮要素として判断すべきであり、当たり馬券の払戻金が、本来は一時的、偶発的な所得であることなどからすると、これを一時所得とみるべきであると主張した。しかし、最高裁は、所得税法の沿革からして、そのような判断手法は的確ではないし、払戻金の本来的な性質が一時的、偶発的なものであったとしても、払戻金が生じた具体的態様等を考慮すると、営利を目的とする継続的行為から生じた所得でないとはいえないとして、検察官の主張を退けた。

３　また、最高裁は、外れ馬券の必要経費該当性について、外れ馬券を含む一連の馬券の購入が一体の経済活動の実態を有する以上、外れ馬券を含む全ての馬券の購入代金の費用が当たり馬券の払戻金という収入に対応するとして、外れ馬券の購入代金も、Ｘが得た雑所得の必要経費として控除できると判断した。

　この点について、検察官は、当たり馬券の払戻金に対応する費用は当たり馬券の購入代金のみであるなどと主張した。しかし、最高裁は、Ｘによる馬券購入の実態は、大量的かつ網羅的なものであり、個々の馬券の購入に分解して観察するのは相当でないなどとして、検察官の主張を退けた。

４　なお、Ｘは、一審段階で、課税庁の見解に従って確定申告をすれば極めて過大な納税義務を課せられたし、他方で、自己の見解に従って確定申告をすれば過少申告ほ脱犯として重く処罰されたと考えられるから、無申告に正当な理由があると主張していた。しかし、一審は、税額が多額であっても申告義務の履行を求めることが直ちに酷とはいえないし、自己の見解に従って申告した上で、誤った課税処分を争うこともできたなどとして、正当な理由があるとは認めなかった。そして、Ｘに対し、無申告の点について、執行猶予付の有罪判決を下した。

なお、Xはこれについて控訴していない。

判決後の動向等

　本件は、競馬の払戻金という身近なものに関する事例であったこと、税額が大きなものであったことから、社会的関心を集め、大きく報道された。Xは、刑事事件である本件と並行して、課税処分の取消しを求める訴訟を提起していたが、本件後に、課税庁が職権で処分を取り消し、Xが過大に納税した分を還付したため、当該訴訟は却下となり終了した[注1]。

　所得税基本通達も、最高裁判決に沿ったものに改正された[注2]ので、各自ご確認いただきたい。

　同時期に、類似事案の地裁判決[注3]があり、処分の取消しが認められなかったので話題となった。結論を異にしたのは、一連の馬券の購入が一体の経済的活動の実態を有するとまでは認められないという理由によるようである。もっとも、高裁では、これが一体の経済的活動の実態を有すると認定され、処分取消しの判決がなされている[注4]。

より詳しく学ぶための『参考文献』

- 判例タイムズ 1416 号 73 頁
- 判例時報 2269 号 125 頁
- ジュリスト 1482 号 10 頁
- ジュリスト 1489 号 101 頁
- TAINS コード：Z999–9136

（注1）大阪高判平成 27 年 5 月 29 日
（注2）「競馬の馬券の払戻金に係る課税の取扱い等について」（国税庁）
　　　　https://www.nta.go.jp/information/other/data/h27/saikosai_hanketsu/01-02.pdf
（注3）東京地判平成 27 年 5 月 14 日、課税処分の取消請求訴訟
（注4）東京高判平成 28 年 4 月 21 日

右山事件

最判平成 17 年 2 月 1 日（集民 216 号 279 頁）

概　要

　Xは、平成5年に父親AからBゴルフクラブの会員権（B会員権）の贈与を受け、名義書換手数料として80万円を支払った。B会員権は、Aが昭和63年に1,200万円で取得したものだった。その後、Xは、平成9年に、B会員権をC社に100万円で譲渡した。

　Xは、Aが支払った取得費用と自らが支払った名義書換手数料の合計額を資産の取得費として譲渡所得の金額を計算し、平成9年分の所得税の確定申告を行った。これに対し、Y税務署長が、名義書換手数料は資産の取得費に含まれないとして更正処分を行ったので、Xはこれを不服として出訴した。一審・二審はXの主張を認めなかったが、最高裁はXの主張を認めた。

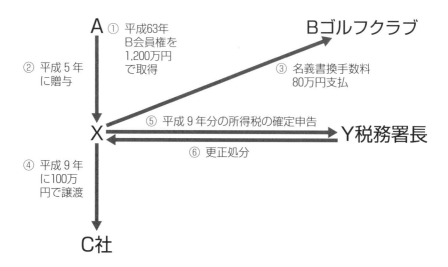

関係図

A ① 平成63年
B会員権を
1,200万円
で取得

Bゴルフクラブ

② 平成5年
に贈与

③ 名義書換手数料
80万円支払

X ⑤ 平成9年分の所得税の確定申告 → Y税務署長
← ⑥ 更正処分

④ 平成9年
に100万
円で譲渡

C社

争点

名義書換手数料の金額は、所得税法38条1項の「資産の取得に要した金額」に該当するか。

判決要旨

名義書換手数料の金額は、所得税法38条1項の「資産の取得に要した金額」に該当する。

評釈

1 一審・二審は、名義書換手数料の金額は、「資産の取得に要した金額」に該当しないと判断していた。

すなわち、一審・二審は、所得税法60条により、贈与者が引き続き資産を所有していたものとみなされる以上、譲渡所得の金額の算出に当たっては、贈与の事実はなかったと考えるべきで、そうであれ

ば、受贈者が自己への所有権移転のために支払った費用も無視するほかない（贈与時の譲渡所得課税の繰延べとは、贈与によっては資産の増加益が顕在化せず納税が困難なので、贈与者が支出した取得費等を受贈者による譲渡時に清算することとしたものであり、受贈者が支出した費用を清算することまでは予定していない）と判断した。

2 これに対し、最高裁は、譲渡所得課税は、資産の値上がりにより資産の所有者に帰属する増加益を所得としつつ、資産が所有者の支配を離れ他に移転するのを機会にこれを清算して課税する趣旨のものであると指摘した上で、この趣旨からすると、贈与の場合でも本来譲渡所得課税がなされるべきだが、贈与時には増加益が顕在化せず、課税しても納税者の納得を得難いので、後に受贈者が資産を譲渡した際に清算して課税することとされている旨述べた。

　このような考え方からすると、贈与者による資産の保有期間における支出も、受贈者による資産の保有期間における支出も、その金額が「資産の取得に要した金額」である限り、取得費として控除できることとするのが自然である。最高裁は、本件の名義書換手数料についても、Ｂ会員権を取得するための付随費用であり、その額は「資産の取得に要した金額」に該当すると判断した。

3 なお、一審・二審では、名義書換手数料の金額は所得税法38条1項の「資産の取得に要した金額」に該当しないと判断されたため、さらに、名義書換手数料の金額は所得税法33条3項の「資産の譲渡に要した費用」に該当しないかについても検討された。

　しかし、一審・二審とも、名義書換手数料は、Ｂゴルフクラブの非会員が会員資格を得るためＢゴルフクラブに支払う承諾料であり、譲渡に要した費用ではないとして、「資産の譲渡に要した費用」には該当しないと判断した。

判決後の動向等

　確定申告の時期が迫っていたこともあったのであろうが、本判決直後、国税庁は、同様の事例について、従前の取扱いを改め、本判決に倣った取扱いとするパンフレットを配布した。また、平成17年6月には、本判決を踏まえて通達も整備した。

　さらに、更正の請求の期間を超えてしまった場合に、職権により減額更正することとしたほか、翌年の税制改正では、後発的事由による更正の請求の対象に、判決等を受けた国税庁長官の法令解釈変更が加えられた。

より詳しく学ぶための 『参考文献』

- 判例タイムズ 1177 号 150 頁
- 判例時報 1893 号 17 頁
- ジュリスト 1319 号 182 頁
- 租税判例百選〔第 7 版〕92 頁
- TAINS コード：Z255-09918

判例 **2-11**

制限超過利息事件

最判昭和 46 年 11 月 9 日（民集 25 巻 8 号 1120 頁）

概　要

　Xは、個人で金融業を営んでおり、借主に対し、約定により制限超過利息を付して金銭を貸し付けていた。

　Xによる所得税の確定申告において、制限超過利息の取扱いに適切でない点があると考えたY税務署長は、Xに対し更正処分を行った。その後、訴訟に発展したのが本件である。

　最高裁は、Xの主張を認め、更正処分は違法であると判断した。

関係図

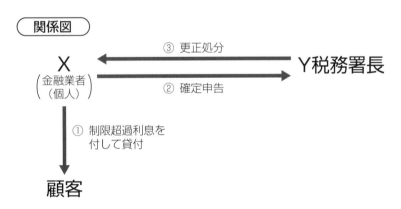

争点

　利息制限法による制限超過利息・損害金を課したものの、履行期が到来しても未収となっている場合、当該未収金は所得を構成するか。

　履行期到来後未収となっている制限超過利息・損害金は、所得を構成しない。

評　釈

１　本件では、Xの事業所得のうち、利息・損害金収入の額がいくらであるか、より具体的には、履行期到来後未収となっている制限超過利息・損害金が所得を構成するか否かが問題となった。

　これについて、Xは、制限超過利息・損害金は、違法なものであって、その未収分を請求できないから、超過部分は無効であって、所得を構成しない旨主張した。

　これに対し、Yは、事業所得の規定は、経済的効果主義と発生会計主義とを根拠にしているから、約定で利息・損害金の取決めをした時に「収入すべき金額」が確定したというべきである上、未収の制限超過利息・損害金であっても、その無効確認等により経済的効果が除去されない限り、所得を構成する旨主張した。

２　一審・二審は、履行期到来後未収となっている制限超過利息・損害金につき、所得を構成しないと判断したため、Y税務署長が上告した。

３　最高裁は、要旨以下のように述べて、一審・二審の結論を支持した。直接的な理由は②のとおりであるが、比較して考察するため、①の点も指摘した。

　　①　制限超過利息・損害金が現実に収受された場合について

　　　制限超過利息・損害金の支払がなされても、その支払は弁済の効力を生ぜず、制限超過部分は、残存元本に充当される（最判昭和39年11月18日）。

　　　このことからすると、制限超過利息・損害金であっても、当事者

間において約定の利息・損害金として授受され、貸主において、これが元本に充当されたものとして処理することなく、従前どおりの元本が残存するものと取り扱っているのであれば、制限超過部分も含めて、現実に収受された約定の利息・損害金の全部が、貸主の所得として課税の対象となるというべきである。

② 未収の場合について

通常の利息・損害金債権について、履行期が到来すれば、未収であっても所得を構成するのは、収入実現の可能性が高度であると認められるからである。

これに対し、制限超過利息・損害金は、その基礎となる約定自体が無効であって、約定の履行期が到来しても利息・損害金債権を生じる理由がない。貸主は、借主が法律の保護をあえて求めず任意に支払うかもしれないことを事実上期待し得るのみである。そうすると、収入実現の蓋然性があるとはいえず、履行期が到来しても、未収である限り、所得を構成しない。

判決後の動向等

本件の争点については、かねてより説が対立し、下級審でも判断が分かれていた。しかし、本件の判断と、後日法人税に関してなされた同様の判断(注)により、未収の制限超過利息・損害金が所得を構成するか否かの問題には、実務上決着が付いた。

(注) 最判昭和 46 年 11 月 16 日。ただし刑事事件。

より詳しく学ぶための『参考文献』

- 最高裁判所判例解説民事篇（昭和 46 年度）645 頁
- 判例タイムズ 269 号 103 頁
- 金融・商事判例 383 号 2 頁
- ジュリスト臨時増刊 509 号 49 頁
- 別冊ジュリスト 120 号 42 頁
- 租税判例百選〔第 7 版〕66 頁
- TAINS コード：Z063-2817

判例 2-12

サンヨウメリヤス土地賃借事件

最判昭和 45 年 10 月 23 日（民集 24 巻 11 号 1617 頁）

概　要

　Ｘは、自身が代表取締役を務めるＡ株式会社に対し、自己所有の土地（50 坪）を、建物所有を目的とし、期間 20 年、賃料 1 ヶ月 1,000 円で賃貸した。その際、Ｘは、Ａ株式会社から、権利金 100 万円（更地価格の 3 分の 2 相当）を受領した。

　Ｘは、この権利金 100 万円は譲渡所得に当たるとして所得税の確定申告をしたが、所轄税務署長は、当該権利金は不動産所得に当たるとして更正処分をした。Ｘはこれを不服として争ったが、最終的にＹ国税局長がＸの審査請求を棄却したので、Ｘが、その取消しを求めて出訴した。

　最高裁は、本件の権利金の性質を確定することなく譲渡所得と解した原審には、審理不尽の違法があるとして、高裁判決を破棄し差し戻した。なお、差戻控訴審は、本件の権利金の性質について検討した上で、不動産所得に当たるとして、Ｘの請求を棄却した。

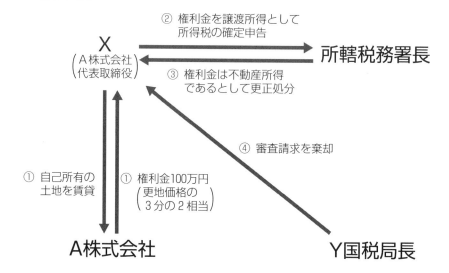

② 権利金を譲渡所得として
　所得税の確定申告

X
(A株式会社
代表取締役)

所轄税務署長

③ 権利金は不動産所得
　であるとして更正処分

④ 審査請求を棄却

① 自己所有の
　土地を賃貸

① 権利金100万円
(更地価格の
　3分の2相当)

A株式会社

Y国税局長

争点

本件の権利金は譲渡所得に該当するか。

判決要旨

　本件の権利金が、明らかに所有権の権能の一部を譲渡した対価としての経済的実質を有するものでない限り、譲渡所得に当たるものと解することは許されない。

評　釈

1　本件は旧法下の事案である。

　　所得税法の立法過程においては、権利金の性質が判然とせず、権利金授受の慣行も一般化しておらず、仮に授受があっても比較的少額で不動産所得に包摂させることが不自然・不公正とは認められない程度だった。

しかし、戦後は権利金が一般化し、著しく高額となることが少なくなかった。また、賃貸借の更新が強く保障されるようになって、権利金を、当初の契約期間分の地代の前払いとして算定するのが困難になった。他方、権利金が返還されることは少なかった。

一審は、このような経過について指摘した上、更地価格のきわめて大きな割合に当たる近時の権利金は、もはや法が不動産所得の対象として予想したものとは実質を異にし、経済的・実質的観点からして譲渡の対価としての性質を持つと認められる、と述べた。そして、本件の権利金についても、譲渡所得に当たるものと類推解釈するのが相当であると結論付けた。

二審も、この結論を支持した。なお、二審は、法律の解釈上疑わしい場合には、国民の利益に解するのが当然であり、性質の曖昧な権利金については、譲渡所得と類推解釈するのが相当であると指摘している。

2 これに対し、最高裁は以下のように述べ、原判決には審理不尽の違法があるとした。

権利金には種々の性質のものが存するが、明らかに営業権譲渡の対価であるようなものは格別、通常は一定の期間不動産を使用収益させる対価の一部であって、不動産所得の条文を形式的に解する限り、権利金は不動産所得に当たると解するほかない。しかし、一審以来指摘されている事情の変化に鑑みれば、権利金につき一律に不動産所得に当たるとすべきではなく、場合によってはその経済的実質に着目して譲渡所得に当たると解することも必要である。

このような見地からすれば、借地権設定における権利金の中でも、所有者が土地の使用収益権を半永久的に手放す結果となるような契約内容である場合に、その対価として更地価格に比してきわめて高い割合に当たる金額が支払われるようなものは、経済的・実質的に見て、所有権の権能の一部を譲渡した対価としての性質を持つといえ、そのような権利金は、旧法下においても譲渡所得に当たるものと類推解釈するのが相当である。

もっとも、譲渡所得が特に優遇される所得であることからすると、その適用範囲を解釈によってみだりに拡大することは許されない。上記のような類推解釈は、明らかに資産の譲渡の対価としての経済的実質を有する権利金についてのみ許される。そうでない、性質の曖昧な権利金については、法律の自然な解釈に従い、不動産所得として課税すべきである。

　このように、上記のような類推解釈が可能かどうかは、本件の権利金の性質を確定した上で検討すべきである。ところが、原判決は、性質の曖昧な権利金について、不動産所得とみるより譲渡所得とみる方が納税者に利益であるから譲渡所得と類推解釈すべきだとして、権利金の性質を確定せずに譲渡所得と解しており、その点で審理を尽くしておらず違法である。

　　最高裁はこのように述べ、本件を高裁に差し戻した。

3　なお、差戻控訴審は、本件の権利金の性質について検討した上、当該権利金に地代前払いの趣旨が包含されていると考える余地が十分に存するとして、旧法下でも当該権利金は不動産所得として課税すべきであると結論付けた。

判決後の動向等

　本件については、立法による解決がなされている[注]。また、本件直後に法改正がなされたことも、Ｘの主張や一審・二審の判決に影響を与えたであろう。

　このように解決済みの論点についての判例ではあるが、所得区分の限界を検討する手法という点では、今でも参考になるといえるだろう。

　なお、最高裁は、直接的には二審の解釈について、上記のように審理不尽と述べているが、一審も、近時の情勢については詳細に述べるものの、本件の権利金の個別具体的な性質についての検討が不足しており、最高裁の判断内容からすれば、やはり審理不尽の批判を免れないであろう。

（注）昭和34年改正、現在では所得税法33条1項かっこ書き・同法施行令79条

より詳しく学ぶための『参考文献』

- 最高裁判所判例解説民事篇（昭和 45 年度・下）1041 頁
- 判例タイムズ 255 号 160 頁
- ジュリスト 482 号 36 頁
- 金融商事判例 241 号 24 頁
- 租税判例百選〔第 5 版〕66 頁
- TAINS コード：Z060–2632

歯科医師事件

最判平成2年6月5日（民集44巻4号612頁）

概　要

　歯科医師Xは、ある年度に関し、社会保険診療報酬について概算経費で経費を計上して所得税の確定申告をした。これは実額経費より概算経費の方が有利と判断したからであったが、実は計算誤りがあって実額経費を少なく算出したために、そのような判断となったのであって、実際には、実額経費の方が有利であった。

　その後、Xは、自由診療収入の計上漏れと、上記計算誤りに気付き、自由診療収入を修正し、また、社会保険診療報酬については概算経費ではなく実額経費で経費を計上して修正申告をした。これに対し、Y税務署長は、社会診療報酬の必要経費を概算経費に改めて更正処分をした。そこで、Xは、更正処分の取消しを求めて提訴した。

関係図

① 社会保険診療報酬につき
　概算経費で経費を計算して
　所得税の確定申告

② 修正申告
　・自由診療収入の計上漏れを修正
　・社会保険診療報酬につき概算経費
　　から実額経費に修正

歯科医師X　　　　　　　　　　　　　　　　Y税務署長

③ ②の修正申告につき
　社会診療報酬の必要経費を
　概算経費に改めて更正処分

争点

　所得税の確定申告において、租税特別措置法26条により概算経費を計上した後、修正申告において実額経費に変更することができるか。

判決要旨

　本件の事実関係の下では、修正申告において、概算経費から実額経費に変更することができる。

評釈

1　医業・歯科医業による収入は事業所得であり、経費の実額を必要経費とするのが原則であるが、社会保険診療報酬については、租税特別措置法26条により、実額経費に代えて概算経費を必要経費とすることができる。なお、概算経費を適用するためには、確定申告書に、概算経費にて必要経費を計算した旨を記載する必要がある。

2　一審は、租税特別措置法26条は確定申告後いかなる場合も概算経費の選択の変更を認めない趣旨であるとするには疑問の余地がある

し、修正申告の要件を欠くともいえないとして、Xの主張を認めた。

　これに対し、二審は、概算経費の選択は納税者の自由な選択に委ねられており、選択後はもはや実際に要した経費の額がどうであるかを問題にする余地はなく、実額経費に変更することを許容する根拠はないとして、一審判決を取り消し、Xの主張を排斥した。

3　最高裁は、まず、納税者である医師・歯科医師が、社会保険診療報酬について概算経費を選択する旨の意思表示をしている場合には、その概算経費が必要経費となるのであって、実額経費が概算経費を上回っているか下回っているかは、租税特別措置法26条の適用を左右しないという昭和62年の判例[注]で示された原則を指摘した。

　しかし、最高裁は、これに続けて、本件では、誤って実額経費より概算経費の方が有利であると判断して概算経費選択の意思表示をしたのであるから、その意思表示は錯誤に基づくとした上で、本件は、自由診療収入の計上漏れを修正し必要経費の計算の誤りを正せば、必然的に事業所得金額が増加するので、修正申告ができる場合に当たり、その限りにおいては、事業所得金額全体の計算誤りを是正する一環として、錯誤に基づく概算経費選択の意思表示を撤回し、実額経費を社会保険診療報酬の必要経費として計上できると判断して、修正申告は適法であり、これを認めなかった更正処分は違法であると結論付けた。

4　昭和62年の判例と本件とは結論が異なるが、昭和62年の判例は修正申告ではなく更正の請求の事案であり、本件に比して要件が厳格な部分があったこと、本件では、確定申告時までに実額経費を計算していて、ただ計算誤りに基づく錯誤のために選択の誤りがあったのに対し、昭和62年の判例の事案では確定申告時までにこれがきちんとなされておらず、錯誤といえるような事情がなかったことなどから、結

（注）最判昭和62年11月10日（集民152号155頁）

論が分かれたものと考えられる。

判決後の動向等

本件は、本件のような修正申告の場合には昭和 62 年の判例の射程が及ばないことを明らかにした点で意義があると言われている。

なお、本件当時と異なり、現在では、確定申告書提出時に概算経費の選択をしていなかった場合でも、選択しなかったことについてやむを得ない事情があるときは、概算経費に変更できることとなっており（租税特別措置法 26 条 4 項）、多少柔軟な定めとなっている。

より詳しく学ぶための『参考文献』

- 最高裁判所判例解説民事篇（平成 2 年度）182 頁
- 判例タイムズ 734 号 61 頁
- 金融・商事判例 853 号 3 頁
- ジュリスト 965 号 69 頁
- ジュリスト 978 号 167 頁
- 租税判例百選〔第 7 版〕206 頁
- TAINS コード：Z176–6524

- -

航空機リース事件

名古屋地判平成 16 年 10 月 28 日（税務訴訟資料 254 号順号 9800）
名古屋高判平成 17 年 10 月 27 日（税務訴訟資料 255 号順号 10180）

概　要

　Xは、組合契約を締結して任意組合の組合員となった。そして、その組合が行った航空機リース事業に基づく所得は不動産所得であるとして、同事業における減価償却費等を損金計上し、損益通算の上、所得税の確定申告を行った。

　これに対し、Y税務署長は、原告が締結したのは組合契約ではなく利益配当契約であって、得た所得も雑所得であるから、損益通算は許されないとして、Xに対する更正処分を行った。そこで、Xは、これを争って出訴した。

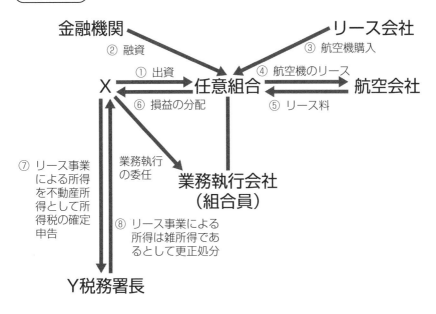

関係図

金融機関
② 融資

リース会社
③ 航空機購入

① 出資
X ⟷ 任意組合 ④ 航空機のリース → 航空会社
⑥ 損益の分配 ⑤ リース料

⑦ リース事業による所得を不動産所得として所得税の確定申告

業務執行の委任

業務執行会社（組合員）

⑧ リース事業による所得は雑所得であるとして更正処分

Y税務署長

争点

Xが締結した契約は、民法上の組合契約か、利益配当契約か。

判決要旨

本件においてXが締結した契約は、民法上の組合契約である。

評釈

1　航空機の貸付による所得は原則として不動産所得となる。そして、民法上の組合は法人格を持たず、原則として、分配割合に応じて組合員が利益又は損失の分配を受けることになる。本件でいうと、Xが締結した契約が形式どおり民法上の組合契約であれば、組合による航空機のリース事業による所得は、不動産所得として、分配割合に応じてXその他の組合員に帰属することになる。

航空機リース事業の場合、借入金の利息と減価償却費を多額に計上することになるため、出資者のXにとっても、Y税務署長にとっても、その所得が不動産所得となり損益通算できるのか、そうでないのか、という点は、大きな意味を持つことになる。

　そこで、Xは、自身が締結した契約は民法上の組合契約であり、航空機リース事業による所得は不動産所得である、と主張し、他方、Y税務署長は、Xが締結した契約においては共同事業性が認められない以上、組合契約ではなく、利益配当契約であるので、航空機リース事業による所得も不動産所得にはならず、雑所得になる、と主張したものと思われる。

2　この点を解釈するに当たり、

　　①　課税要件についての事実認定のあり方

　　②　事業の内容と経済的合理性

　　③　契約の態様等を踏まえた本件の契約の法的性質

などが問題となった。

　①について、Y税務署長は、選択された法形式にとらわれず、取引の経済実態を考慮した実質的な合意内容に従い、租税負担の公平の見地も加味して解釈すべきだと主張した。これに対し、Xは、法的安定性と予測可能性の見地から、契約の意味内容はまず私法によって解釈されなければならず、当事者が選択した法形式が有効に成立しているのに、他の法形式に引き直して課税することは許されないと主張した。

　②について、Y税務署長は、キャッシュフローベースでは利益が大きくないのに、損益通算まで加味すると、リース期間終了後に想定の60％の価格でしか航空機を売れなかったとしても実質的に利益を確保できることになっているが、これは、結局、我が国の租税歳入を侵食して組合員や関係会社がその分の利益を得ようとするものだと主張した。これに対し、Xは、キャッシュフローベースでも利益が見込める

上、航空機の売却により多額の売却益を得られる収益性の高い事業であること、損益通算も踏まえて法形式を選択するのが、むしろ経済的合理性のある判断であることなどを指摘して、組合契約の選択は当然である旨主張した。

③について、Y税務署長は、本件の契約では、一般組合員による検査権や業務執行組合員の解任権を排除しているものと解釈でき、また、航空機の購入・処分権も実質的には有していないと解釈できることなどから、共同事業性は認められず、民法上の組合契約とはいえない旨主張した。これに対し、Xは、本件の契約は、Y税務署長の解釈は誤りで、それらを排除しているものではなく、共同事業性が存するのは明らかである旨主張した。

3 一審は、①について、当事者の真意を明らかにすること自体は租税法律主義に反するものではないが、動機・意図などの主観的事情によって、通常は用いられることのない契約類型であるか否かを判断することを相当とするものではなく、まして、税負担を伴わないあるいは税負担が軽減されることを根拠に、直ちに通常は用いられることのない契約類型と判断した上、税負担を伴うあるいは税負担が重い契約類型こそが当事者の真意であると認定することを許すものではない、と指摘した。また、②について、合理的経済人が、損益通算による所得の減少を考慮して、事業計画を策定することは、ごく自然なことである、と指摘した。さらに、③について、組合契約の子細を検討すると、検査権や解任権が排除されているとは認められないし、航空機の売却には出資割合の過半数の同意が必要で、一般組合員に処分権があることも明らかで、共同事業性も否定できないなどと指摘した。そして、本件の契約は形式どおり組合契約であると認めた。

二審も、一審の結論を支持した（控訴棄却、確定）。

判決後の動向等

　本件は、租税回避が疑われる行為につき、契約内容等を子細に検討して結論を導いた事例であり、その判断方法は参考になる。

　一審判決を受けて税制改正が行われ、同様の事例においては損益通算を認めない規定が創設された（租税特別措置法41条の4の2）。

より詳しく学ぶための『参考文献』

- 判例タイムズ1204号224頁
- 山本守之「〔新版〕検証　納税者勝訴の判決」（税務経理協会）　315頁
- TAINS コード：Z265-12678

判例 2-15

借入金利子事件

最判平成 4 年 7 月 14 日（民集 46 巻 5 号 492 頁）

概　要

Xは、Aから、自己の居住用として本件土地建物を購入し、B銀行から資金を借り入れて、購入代金 3,000 万円を支払った。資金の借入から 51 日後に、Xは、本件土地建物を自己の居住の用に供した。Xは、数年の間、B銀行に借入金の分割返済を行い、併せて当該借入金についての利子の支払も行った。

その後、Xは、Cに対し、本件土地建物を売却した。その際の譲渡益につき、所得税の確定申告において、B銀行に支払った借入金利子の全額を取得費に算入した。これに対し、Y税務署長は、取得費に算入できるのは、資金の借入から本件土地建物を自己の居住の用に供するまでの 51 日間に対応する利子 38 万円のみであるとして、Xに対し、更正処分をした。そこで、Xが更正処分の取消しを求めて提訴したのが本件である。

最高裁は、結論として、更正処分は適法とし、Xの主張を認めなかった。

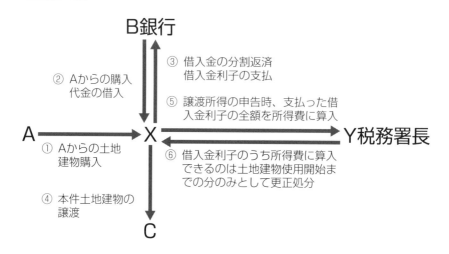

　個人の居住の用に供される不動産の譲渡による譲渡所得の金額の計算上、当該不動産の取得のために借入をした場合における借入金の利子のうち、所得税法38条1項にいう「資産の取得に要した金額」に含まれる範囲。

　個人の居住の用に供される不動産の譲渡による譲渡所得の金額の計算上、当該不動産の取得のために借入をした場合における借入金の利子は、当該不動産の使用開始の日以前の期間に対応するものに限り、所得税法38条1項にいう「資産の取得に要した金額」に含まれる。

1　本件では、一審から最高裁まで、いずれも、判決要旨記載の結論となったが、それぞれ異なる論理に基づき結論を導いた。

2 まず、一審は、要旨以下のように述べた。

> 資産の保有目的としては、転売し利益を得る目的、居住したり賃貸したりして使用する目的のいずれかまたは双方があり得る。
>
> 譲渡所得課税は、このうち、転売利益に対する課税であって、使用利益は考慮していない。そうすると、使用目的のための借入金利子の支払は、「取得に要した費用」として控除することはできない。すなわち、資産の譲渡時までに支払われた利子の総額のうち、現に居住の用に供していない期間の分のみ、取得費とすることができる。

　しかし、この判断に対しては、転売目的と使用目的が併存し得ることが結論部分で考慮されていない、などの疑問が寄せられていた。

3 次に、二審は、要旨以下のように述べた。

> 固定資産の取得資金が手持資金であっても借入資金であっても、「資産の取得に要した金額」に当たることは明らかである。そして、借入資金の場合、その利用の対価として約定利子を支払わなければならないことは自明なので、借入金利子も、取得資金元金と併せ「資産の取得に要した費用」そのものに当たる。
>
> ただ、その借入金利子は、社会通念上、固定資産の利用利益と等価とみなされるべきで、その支払に充てられたようなものであるから、さらに取得費とすることはできない。他方、資金借入時から、資産を取得して利用可能になる時点までに支払われた利子は、取得費に含まれる。

4 最高裁は、要旨以下のように述べた。

> 所得税法33条3項が、総収入金額から控除し得るものとして、資産の客観的価格を構成すべき金額に限定せず、「譲渡に要した費用」も掲げていることからすると、「資産の取得に要した金額」には、資産の客観的価格を行使すべき取得代金の他、付随費用も含まれるが、資産の維持管理に要する費用等居住者の日常的な生活費ないし家事費に属するものは、これに含まれない。

借入金の利子は、資産の客観的価格を構成すべき金額には当たらないし、付随費用ともいえない。むしろ、日常的な生活費ないし家事費にすぎない。そうすると、基本的には「資産の取得に要した金額」には該当しない。

しかし、資金の借入後、土地建物を居住の用に供するまでにはある程度の期間が必要である。その期間分の利子は、土地建物をその取得にかかる用途に供する上で必要な準備費用ということができるので、土地建物取得のための付随費用として、「資産の取得に要した金額」に含まれる。

しかし、最高裁の採った論理に対しては、投機目的で土地建物を購入し、何ら使用せずに後日譲渡したような場合に、同様に考えられるのか、という疑問も述べられている。

5 このように、一審から最高裁までの結論は同様であったものの、それぞれ様々なアプローチを試みた。なお、所得という概念は、多分に経済学的な内容を含むものであるため、純粋に法的な論理のみで本質に迫ろうとするのは不可能ではないか、経済学的視点を加えた検討が必要なのではないか、という指摘もある（そのような考え方は、二審のような判断に親和性があろうか）。筆者としては、そのような考え方に納得がいく。

判決後の動向等

本件は、従来から見解が分かれていた（借入金利子は基本的に全て取得費に含まれるとする説、逆に全て含まれないとする説もあった）論点について判断を示したものであり、実務上重要な意義を有するといえよう。

より詳しく学ぶための『参考文献』

- 最高裁判所判例解説民事篇（平成4年度）266頁
- 判例タイムズ607号68頁
- 租税判例百選〔第7版〕90頁

判例 **2-16**

りんご生産組合事件

最判平成 13 年 7 月 13 日（集民 202 号 673 頁）

概　要

　A組合は、りんごの生産等を行うために設立された、民法上の組合である。A組合では、過去の経緯から、「管理者」（非組合員）がりんごの生産指導を行い、雇用された「一般作業員」（多くは非組合員）と、管理者の補助をしつつ一般作業員と共に作業もする「専従者」（組合員）とが、りんごの生産作業を行う体制となっていた。

　Xは、A組合の組合員であり、A組合の総会で専従者に選任されていた。なお、管理者及び専従者の労賃は、労務費として計上されていた。

　Xは、A組合から受け取った労賃は給与所得に該当するものとして、所得税の確定申告をしたが、Y税務署長は、当該労賃は事業所得に該当するとして、更正処分を行った。Xがこれを争ったのが、本件である。

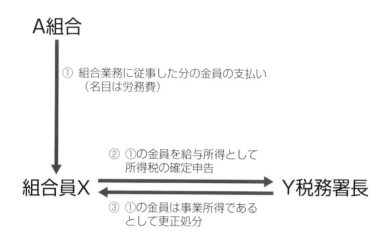

関係図

A組合

① 組合業務に従事した分の金員の支払い
　（名目は労務費）

組合員X　　　　　　　　　　　　　　　Y税務署長

② ①の金員を給与所得として
　所得税の確定申告

③ ①の金員は事業所得である
　として更正処分

争点

　本件でXに支払われた労賃は、給与所得に該当するか、事業所得に該当するか。

判決要旨

　本件の事情の下では、Xに支払われた労賃は、給与所得に該当する。

評釈

1　一審は、Xは管理者を補助してはいたが、基本的には仕事内容が一般作業員と大差なかったこと、1日当たりの定額の日給を基本とする対価を得ていたこと、労賃の定め方が専ら労働時間によるものであったことなどから、Xの収入には、「自己の計算と危険」という要素の入り込む余地はなく、単なる労働の対価であるとして、給与所得に該当すると判断した。

2　これに対し、二審は、A組合はりんご生産という農業を行ってい

て、得た収入は事業所得になるから、Ａ組合が収入を得た場合には、その時点で、各組合員に事業所得が発生していると判断した（パス・スルー課税）。

　Ｘが得た収入が一見給与に見えることについては、Ｘが組合員である以上は、その労務の提供もＡ組合の事業活動と無関係なものではあり得ず、得た収入の実質は、Ａ組合に発生した事業所得の分配と考えられること、Ａ組合総会でＸの日給額を承認したのであるから、Ｘへの支払は、組合所得の利益分配の合意に従ったものであると考えられることを指摘し、事業所得と解することに障害はないとした。

　他方、民法上の組合の法律効果は各組合員に帰属するため、Ａ組合とＸとが雇用契約を締結しようとすれば、Ｘは一方で雇用者、一方で被用者となってしまい、矛盾した法律関係の成立を認めることになってしまう、とも述べた。

❸　しかし、最高裁は、一審を覆した二審を再び覆し、一審とほぼ同様の結論を採用した。

　まず、最高裁は、事業所得に該当するか給与所得に該当するかは、組合及び組合員の意思ないし認識、当該労務の提供や支払の具体的態様等を考察して、客観的、実質的に判断すべきものであって、組合員に対する金員の支払だからといって当然に利益分配となるわけではないし、Ｘの得た収入が給与に該当したとしても、直ちにＡ組合とＸとの間に矛盾した法律関係の成立を認めることにはならない、と述べた。

　そして、一審と同様のことを指摘したほか、Ａ組合設立当初は、各組合員が出資口数に応じて出役する制度となっていたものの、それではうまく運営できず、雇用労力を用いる方が合理的であるとの認識に基づき、一般作業員を雇用し、また、管理者・専従者（上記のとおり、仕事内容が一般作業員と大差なかった）を置く体制となった経緯からしても、専従者の労務提供は、一般作業員の労務提供と同様と評価でき

るなどとして、Xの収入に係る所得は給与所得に該当する、とした。

判決後の動向等

　本判決は、民法上の組合から組合員が受ける金員の課税関係についての最初の最高裁判決とのことであり、事例判決とはいえ、先例的意義があるといえる。

　ただ、本判決については、判断枠組が曖昧ではないか、労賃の支払いが給与なのか利益の分配なのかという捉え方が正しいのか、などと疑問が呈されているところもある（もっとも、筆者は、結論としては、最高裁の判断を支持する）。

　また、民法上の組合に関する課税についての立法が必ずしも整備されておらず、そのために本件のような問題が起こったのであって、立法の整備が必要ではないか、というような指摘もある。

より詳しく学ぶための『参考文献』

- 判例タイムズ 1073 号 139 頁
- 判例タイムズ 1096 号 234 頁
- ジュリスト 1189 号 123 頁
- ジュリスト 1250 号 233 頁
- 租税判例百選〔第 7 版〕44 頁
- TAINS コード：Z251-8946

3 法人税法

興銀事件

最判平成 16 年 12 月 24 日（民集 58 巻 9 号 2637 頁）

概　要

　本件は、会社（Z社）の母体行となっていた銀行（X）が、Z社に対する貸金債権を放棄し、債権相当額を損金の額に算入して当該事業年度の法人税の確定申告をしたところ、Y税務署長から法人税の更正処分等を受けたという事案であり、本件の事情の下では、債権の全額が、放棄時に回収不能となっていたなどとして、X銀行による上記損金算入を認めた。

関係図

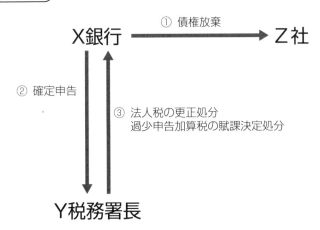

債権放棄時に、当該債権の全額が回収不能となっていたか。

判決要旨

　債務者側の事情のみならず、債権者側の事情等も踏まえ、社会通念に従って総合的に判断すると、本件の事情の下では、債権の全額について、放棄時に回収不能であったというべきである（一審は全額が回収不能とし、二審は放棄時には全額が回収不能とはなっていなかったとした）。

評　釈

1　回収不能の判断において債務者の資産状況・支払能力が重要となることはいうまでもないが、本判決は、金銭債権の全額が回収不能であるかどうかについて、それら債務者側の事情のみならず、債権者側の事情、経済的環境等も踏まえ、社会通念に従って総合的に判断されるべきという判断基準を示した点に、大きな意義がある。

　なお、「考慮されるべき債務者側の事情」としては、債務者の資産状況、支払能力等が挙げられ、「考慮されるべき債権者側の事情」としては、債権回収に必要な労力、債権額と取立費用との比較衡量、債権回収を強行することによって生ずる他の債権者とのあつれきなどによる経営的損失等が挙げられている。

2　本件では、債権放棄に解除条件（条件が成就したら、債権放棄の効力を失わせるという条件）が付されており、その不成就が確定しなければ、債権放棄の効力も確定的なものとならないのではないか、という問題もあったため、Y税務署長が処分に踏み切り、二審も最高裁と反対の結論に至ったものと思われる。

　しかし、本判決は、上記のような判断基準の下、放棄に至った経緯を詳細に分析し、放棄時には、債権全額の回収が社会通念上不可能と

なっていたと判断した。紙面の都合上、その経緯の詳細をご紹介することはできないが、全額の回収が不可能とした判断は、妥当であったように思われる。経緯の詳細については、時間に余裕があれば、各自研究していただきたい。

そして、本判決は、放棄時点での回収不能状態は明らかである以上、解除条件が付されているからといって、結論は変わらないとした。

判決後の動向等

本判決により、回収不能の判断をかなり柔軟に行うことができるようになった。その意味で、本判決が実務に与えた影響は非常に大きかったといえる。もちろん、「貸倒れにしたい」という納税者の主観的事情のみで自由に判断できるわけではないが、納税者を取り巻く状況を踏まえた妥当な処理が可能になったと評価してよいだろう。

加えて、本件以後、企業による租税訴訟の提起が増加したとか、納税者も課税庁も判断を司法に委ねる姿勢が明確になってきたといった分析もなされているところである。

より詳しく学ぶための『参考文献』

- 判例タイムズ 1172 号 129 頁
- ジュリスト 1301 号 78 頁
- ジュリスト 1310 号 180 頁
- 租税判例百選〔第 4 版〕106 頁
- 租税判例百選〔第 7 版〕114 頁
- TAINS コード：Z254-9877

フィルムリース事件

最判平成 18 年 1 月 24 日（民集 60 巻 1 号 252 頁）

概　要

　本件は、X社が、映画に投資を行う名目で結成されたB組合に出資を行い、B組合がC社から購入した映画につき、自らの固定資産として、減価償却費の損金算入を行った上確定申告をしたところ、Y税務署長から法人税の更正処分を受けたという事案である。

　最高裁は、映画が減価償却資産に当たらないとして、損金算入を認めなかった。

関係図

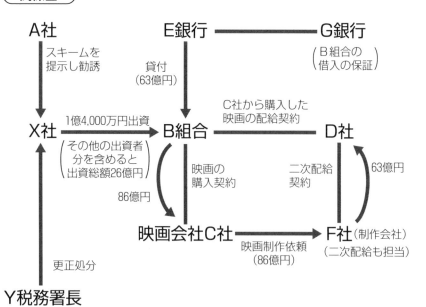

争点

　B組合が購入した映画につき、Xは、自らの固定資産として、減価償却費の損金算入をすることができるか。

判決要旨

　B組合が購入した映画は、B組合の事業において収益を生む源泉であるとみることはできず、B組合の事業の用に供しているものということはできないから、減価償却資産には当たらない。したがって、減価償却費の損金算入をすることはできない。

評釈

１　法人税法上、映画の減価償却は２年という短期間で行うことができるため、上記関係図のようなスキームが成立すれば、出資者は、出資金額に比しても大きな額の減価償却費の損金算入をすることが可能となる。

　課税庁は、取引を全体として見ると、B組合が行ったのはC社への融資にすぎないし、B組合には映画の所有権もないなどとして、映画がXの減価償却資産に当たらないと主張した。一審・二審とも、真実の法律関係はそのようなものであったと認定しており、課税庁の主張を支持したといってよい。

２　本判決は、損金算入を認めないという結論自体は一審・二審と同様だったものの、一審・二審と異なり、当事者が作出した私法上の法律関係を否定するという手法を採らず、当事者の契約内容等を子細に見れば、映画がB組合の事業において収益を生む源泉であるとはいえないという理由を付した。

　最高裁が私法上の法律関係を否定することに慎重になったのではないかとの見方もあるが、そのことに対する評価はともかく（そのよう

な態度を必ずしも歓迎しない意見もある）、損金算入が認められるのかどうかという問題であることを踏まえ、減価償却の本質を見据えつつ法人税法の解釈によって結論を導いている点は、一審・二審と比較しても妥当であったように思われる（もっとも、最高裁が、映画がB組合の事業における収益の源泉ではないと判断した根拠自体は、一審・二審が私法上の法律関係を否定した根拠と相当程度共通する）。

3 なお、最高裁が源泉性を否定した根拠としては、以下のようなものが挙げられる。

① 映画に関する権利はほぼD社が保有する形になっており、B組合に留保されている部分はほとんどない。

② B組合がE銀行に返済すべき借入金については、B組合とD社との配給契約の内容やG銀行の保証があること等に照らし、B組合には事業失敗時のリスクが少ない。

③ X社は不動産業者で、映画制作・配給等に関与したことがなく、A社からも、映画の興行に関する具体的な情報を得ていない。

④ B組合の組合員が、映画配給事業自体がもたらす収益につき、出資額に相応する関心を抱いていたとはうかがわれない。

判決後の動向等

本判決は、減価償却資産該当性について最高裁として初めての判断を示したと言われており、その点で、実務上大きな意義があったといえる。

いわゆる租税回避のスキームには様々なものがあり、本件はその中の一事例に過ぎない。本件類似の事案であっても、事業の収益構造や投資家のリスク等によっては、減価償却が認められるケースもあるであろう。事前の詳細・入念な分析が重要である。

より詳しく学ぶための『参考文献』

- 判例タイムズ 1208 号 82 頁
- ジュリスト 1333 号 146 頁
- 最高裁判所判例解説民事篇（平成 18 年度・上）163 頁
- 租税判例百選〔第 7 版〕42 頁
- TAINS コード：Z256-10278

ねずみ講事件

最判平成 16 年 7 月 13 日（集民 214 号 751 頁）

概　要

　本件は、B総研に対するYらの法人税の更正処分等が無効であるとの主張が退けられたという事案である。

　A（個人）は、無限連鎖講（いわゆるねずみ講）を主宰していたが、税務対策等のため社団化することとし（B総研）、B総研が、法人でない社団として、法人税の申告等を行った。しかし、Y1 税務署長は、B総研の申告が過少申告であったとして、B総研に対し更正処分等を行い、これに伴い、Y2（県）と Y3（市）も市県民税の更正処分を行った。

　その後、Aが破産してXが破産管財人となったが、Xは、B総研は法人でない社団としての実体を欠くから法人税等に関する各更正等は無効であるとして争った（先行する同種事案やAの破産事件において、B総研の社団性が否定されたという背景事情があった）。しかし、最高裁は、各更正等は当然に無効とは言えないとして、Xの主張を退けた。

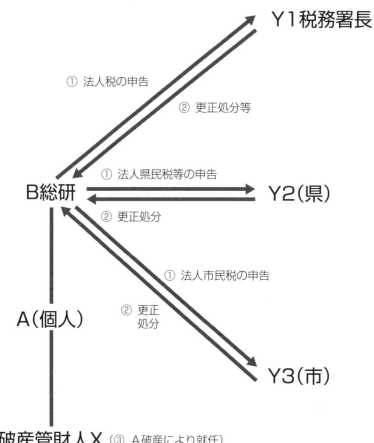

関係図

Y1税務署長

① 法人税の申告

② 更正処分等

B総研

① 法人県民税等の申告

② 更正処分

Y2（県）

① 法人市民税の申告

② 更正処分

Y3（市）

A（個人）

破産管財人X （③ A破産により就任）

争点

　Yらによる各更正等は、無効か。

判決要旨

　課税庁が、B総研が法人でない社団の要件を具備すると認定したことには、合理的な理由が認められ、仮にその認定に誤りがあるとしても、

誤認であることが当初から外形上客観的に明白であるということはできない。

　また、仮に各更正等において課税要件の根幹についての過誤があるとしても、Aが、税務対策等の観点から社団化を図り、高額の所得税の負担を免れたことからすると、徴税行政の安定等の要請をしんしゃくしても、なお、Aに各更正等による不利益を甘受させることが著しく不当と認められるような例外的な事情があるとも認められない。

　そうすると、各更正等が当然に無効であるとは言えない。

評　釈

１　一審は、B総研は人格なき社団として成立していたとして、各更正等を適法有効としたが、二審は、B総研の実体としては、構成員の範囲や意思決定過程等に疑義があるとして、B総研の社団性を否定し、重大な瑕疵があるから各更正等は無効であると判断した。

２　最高裁は、行政処分の無効に関する先例の要件を吟味しつつ、結論としては、各更正等を有効と判断した。

　最高裁の判断基準は、以下のような二段構えとなっている。

①　まず、行政処分が無効となるとされる一般的な基準に則り判断する。その基準とは、処分の違法が重大かつ明白であることである。そして、処分を違法とする瑕疵の明白性については、処分庁の認定の誤認が、処分成立当初から外形上客観的に明白であることをいう[注1]。

②　課税処分については、違法が明白とは言えず①の基準を満たさない場合であっても、(1)過誤が課税要件の根幹についてのものであり、(2)徴税行政の安定とその円滑な運営の要請をしんしゃくして

(注1)　最判昭和36年3月7日民集15巻3号381頁

も、なお、被課税者に処分による不利益を甘受させることが著しく不当と認められるような例外的な事情のある場合には、当然に無効となる[注2]。

そして、本件では、まず、①について、外形的事実に着目する限りでは、Ｂ総研には社団としての実体が備わっているように見えたとして、明白な違法はなかったとした。次に、②については、上記(2)の要件に言及し、高額の所得税の負担を免れようとしての結果であって、処分を著しく不当とする例外的な場合には当たらないとして、(1)の要件にかかわらず、当然に無効とはならないとした。

3 なお、上記のとおり、課税処分の場合には無効となる要件が拡大（緩和）されているが、これは、処分に対する第三者の信頼を保護する要請が大きくはなく（基本的に課税庁と被課税者のみで解決される）、瑕疵の明白性を重視すべき必要性が、類型的に高いとはいえない一方、処分による不利益が直接的かつ重大だからであろう。

判決後の動向等

同種のねずみ講事件は本判決により決着したし、本判決自体事例判断の域を出ないものではあるが、本判決の判断は、今後の事案における課税処分の当然無効の判断に、大いに参考になるであろう。

昭和36年の判例の基準により当然無効となるのは、処分庁の認定の誤認が外形上客観的に明白である場合に限られるから、昭和36年の判例の基準による当然無効の判断が頻発するということはないと思われる。

（注2）最判昭和48年4月26日民集27巻3号629頁

より詳しく学ぶための『参考文献』

- 判例タイムズ 1164 号 114 頁
- ジュリスト 814 号 54 頁
- ジュリスト 852 号 230 頁
- ジュリスト 1295 号 234 頁
- 最高裁判所判例解説民事篇（昭和 48 年度）532 頁
- TAINS コード：Z254-9695

相互タクシー事件

最判昭和 41 年 6 月 24 日（民集 20 巻 5 号 1146 頁）

概　要

　X社は、A社の株式を保有していたが、A社の株式につき、増資により、株主に新株引受権が割り当てられることになった。しかし、当時の独占禁止法では、金融業以外の事業を営む会社は、他の会社の株式を取得してはならないと規定されていたため、X社は、A社株式の名義をX社の重役Bに変更し、重役Bに新株割当を受けさせた。

　Y税務署長は、X社は重役Bに対し新株引受権に係る経済的利益（プレミアム）を無償で授与したものであって、役員賞与として利益処分したとみるべきであるとして、X社に対し、その利益の金額をX社の所得に加算して、法人税の増額更正処分をした。そこで、X社が、独占禁止法の規定からしてX社は新株引受権を取得できないはずだし、新株引受権は重役Bが原始取得したものであって、そうであればX社の益金と認定することはできないなどとして争ったのが本件である。

　最高裁は、益金の発生を肯定せざるを得ないとして、X社の主張を認めなかった。

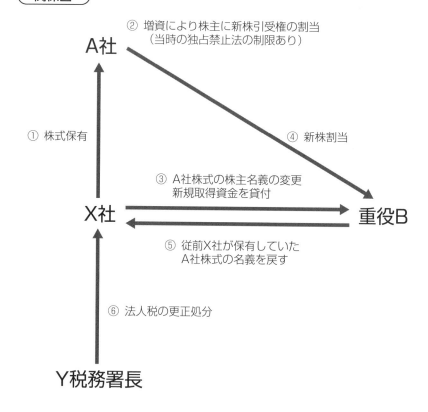

関係図

A社

② 増資により株主に新株引受権の割当
（当時の独占禁止法の制限あり）

① 株式保有

④ 新株割当

③ A社株式の株主名義の変更
新規取得資金を貸付

X社

重役B

⑤ 従前X社が保有していた
A社株式の名義を戻す

⑥ 法人税の更正処分

Y税務署長

争点

　重役Bが得た新株のプレミアムに相当する利益は、当時の独占禁止法の制限にかかわらず、X社の益金となるか。

判決要旨

　上記利益は、X社の益金となる。

評釈

1　一審は、

① 当時の独占禁止法の規定は、私的独占等の防止のための予防的措置として他の会社の株式の取得を禁止したのみであり、従来からの株主たる地位に基づき一般に当然受けられるはずの経済的利益の喪失を強制するものではない

② 新株引受権は元の株式に附随して譲渡の対象となるというべきで、独占禁止法もこの譲渡性を剥奪するものではない

③ 新株引受権は親株式の価値の増加部分として把握されるべきである

④ 重役Bは形式的株主にすぎず、実質上の株主はX社である

などとした上で、上記利益がX社の益金となることを肯定した。

　これに対し、二審は、X社が本件のような方法で重役Bに新株を取得させることは可能であるなどとして、X社から重役Bに対する株式の譲渡自体については肯定的な見解を採ったが、X社が、重役Bから、新株取得による利益の反対給付を受けなければ、X社に利得が生じたとは認定できないなどとして、上記利益がX社の益金となることを否定した。

2　最高裁は、当時の独占禁止法は、会社自ら増資新株を取得することを許さなかったにせよ、増資により株主一般が受けることができる利益を事実上享受するために採った本件のような行為までを無効とする趣旨ではないとして、X社から重役Bに対する、新株引受権に係る経済的利益の無償譲渡については、一審・二審と同様に肯定的な見解を採った。

　そのうえで、移転の対象となった経済的利益は、X社所有のA社株式について生じる新株プレミアムから構成され、その利益の移転は値上がり部分の価値の社外流出を意味するなどとして、当該利益を益金として計上すべきであるとした。また、これについては、反対給付を伴うと否とに関わらないとも述べた。

3 当時の独占禁止法の株式取得制限規定との関係については、いずれの判断とも、おおよそ同じような見解を採っていると評価できる。もっとも、裁判時はともかく、新株割当等が行われた当時は、そのような見解は一般的でなかったとの分析もある。

なお、現在も、独占禁止法上一定の取得制限は残存しているが、ご承知のとおり、当時の規定とはもはや別物である。

判決後の動向等

当時の法人税法では、内国法人の各事業年度の所得とは、総益金から総損金を控除したものであると規定されていただけであったので、本件のような問題が生じたという側面があったようである。現在の規定からすると、課税庁や最高裁の結論は、自然に導かれるものといえよう。

より詳しく学ぶための『参考文献』

- 最高裁判所判例解説民事篇（昭和41年度）322頁
- 判例タイムズ196号113頁
- 判例時報457号31頁
- 租税法判例実務解説〔第1版〕113頁
- TAINSコード：Z044-1512

エス・ブイ・シー事件

最判平成 6 年 9 月 16 日（刑集 48 巻 6 号 357 頁）

概　要

　X社は、その所得を秘匿するため、社外の協力者Aに架空の土地造成工事の見積書及び請求書を提出させ、これらを利用して架空の造成費を計上して原価を計算することによって、当該架空造成費を損金の額に算入して、法人税の確定申告をした。関連して、X社は、協力者Aに対して手数料(本件手数料)を支払っており、これも損金の額に算入していた。

　そこで、Y検察官は、上記方法により所得を秘匿した上、不正の方法により法人税を免れたとして、X社を起訴した。これに対し、X社は、上記手数料は当該事業年度における損金であるとして争ったのが本件である。

　最高裁は、本件手数料を損金の額に算入することは許されないとして、X社の主張を認めなかった。

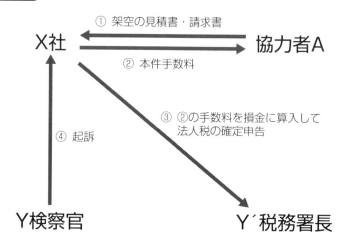

① 架空の見積書・請求書

X社 ← → 協力者A

② 本件手数料

③ ②の手数料を損金に算入して
法人税の確定申告

④ 起訴

Y検察官　　　　　　Y´税務署長

争点

　法人が、架空の経費を計上して所得を秘匿することに協力した者に手数料を支払った場合、当該手数料を所得金額の計算上損金の額に算入することができるか。

判決要旨

　上記手数料を損金の額に算入することはできない。

評釈

1　最高裁は、本件手数料は、架空経費の計上に協力した対価として支出されたものであって、公正処理基準に反する処理により法人税を免れるための費用というべきであるから、このような支出を費用又は損失として損金の額に算入する会計処理もまた、公正処理基準に従ったものであるということはできない、と述べ、本件手数料を損金の額に算入することはできないという立場を採った。

　最高裁は、法人税法22条3項の解釈には明確に言及せず、主に同条4項に依拠して判断したものといえる。

2　これに対し、一審及び二審は、法人税法22条3項・4項等について解釈検討を加えた上、本件手数料を損金の額に算入することはできないという結論を導いた。その解釈検討の要旨は、以下のとおりである。

① 　一審

　⑴　法人税法22条3項2号の費用とは、事業活動との直接的関連性を有し、事業遂行上必要なものに限られるが、本件手数料はこれに含まれない。これを費用とするような会計慣行が存在するとしても、法人税法の容認する公正妥当な会計処理の基準とは到底なり得ない。

　⑵　法人税法が不正行為によって法人税を免れる行為を禁止していることからして、本件手数料のような支出を法人の費用として容認しない態度であることは明らかである。

　⑶　本件手数料は法人税法23条3項3号の損失にも含まれないし、これを損失とするような会計慣行が存在するとしても、やはり法人税法の容認する公正妥当な会計処理の基準とは到底なり得ない。

② 　二審

　⑴　法人税法22条1項及び3項からは、本件手数料のような違法支出を損金の額に算入することができるか否か必ずしも明らかではないので、法人税法22条4項の公正妥当な会計処理基準など、法人税法の各規定に現れた政策的・技術的配慮をも十分検討して決すべきである。

　⑵　法人税法22条3項1号の原価とは、益金の額に算入された収益に対応する原価をいい、同項2号の費用とは、事業活動と直接関連性を有し、事業遂行上必要な費用をいい、同項3号の損失とは、臨時的ないし予測困難な外的要因から生ずる純資産の減少を

来す損失をいうが、本件手数料は、益金の額に算入された収益に対応するものではないから、原価に当たらないことはもちろん、費用や損失にも該当しない。

(3) 法人税法は、偽りその他不正の行為により税負担を免れようとする者に刑罰をもって臨んでいることなどからして、本件手数料のような違法支出の損金の額への算入を容認していないし、かような会計慣行が存するとすれば、それは公正妥当な会計慣行とはいえない。

3 脱税の経費を損金として認めることができるか否かについては、従前、説が分かれており、税法と会計の関係の問題や、アメリカ法等の影響もあり、様々な議論が展開された。誤解を恐れずにあえて言うなら、経済技術的な評価と規範的評価との相克とも表現できようか。これについては、最高裁判所判例解説刑事篇（平成6年度）131頁以下に詳しいので、ご興味があれば検討していただきたい。

一審二審と最高裁の判断のニュアンスの違いも、そうした議論の捉え方の違いに起因するのではないかと思われるが、税法的な観点から一定の規範的評価を加えている点では共通していると考えられる。最高裁が、法人税法22条3項の解釈の困難性を敬遠したということなのかどうかは明確でないが、少なくとも、同条4項に照らし、本件手数料は公正妥当でないと判断したものである。

判決後の動向等

本件は、従前の説の対立に決着をつけたもので、重要な意義を有する。

その後、平成18年度の改正により、法人税法55条が制定され、本件手数料を損金の額に算入することが明確に否定されたので、本件同様の問題については、立法的に解決された。

ただ、違法な支出といっても様々な態様があり、同条の規制が明示的

には及ばないものもある。これについては、今後の事案の集積を待つほかないが、本件や、本件に関係する解釈論が参考になろう。

より詳しく学ぶための『参考文献』

- 最高裁判所判例解説刑事篇（平成6年度）131頁
- 判例タイムズ871号171頁
- ジュリスト1065号78頁
- ジュリスト1068号156頁
- ジュリスト1081号129頁
- 租税判例百選〔第7版〕108頁
- TAINSコード：Z999-9023

ペット葬祭業事件

最判平成 20 年 9 月 12 日（集民 228 号 617 頁）

概　要

　本件は、宗教法人Xが、死んだペットの飼い主から料金を受け取って葬儀等を行っていたところ、Y税務署長が、かかるペット葬祭業は法人税法 2 条 13 号・同法施行令 5 条 1 項所定の収益事業に該当するとして、法人税の決定処分を行ったという事案である。

　Xは、ペットの葬儀等は宗教的行為であるからペット葬祭業は収益事業には当たらないなどと主張して処分の取消しを求めたが、最高裁は、Xの主張を認めなかった。

関係図

宗教法人X：ペットの飼い主から
　　　　　　料金を受け取って葬儀等を行う

↑

上記が収益事業に該当するとして
法人税の決定処分

Y税務署長

争点

Xの行うペット葬祭業は収益事業に該当するか。

判決要旨

本件の事実関係の下では、Xの行うペット葬祭業は収益事業に該当する。

評釈

1 最高裁は、Xの行うペット葬祭業は、外形的に見ると、収益事業として法人税法施行令に定められた各事業に該当するとした上で、宗教法人が行うペット葬祭業が収益事業に該当するか否かについては、①事業に伴う財貨の移転が役務等の対価の支払として行われる性質のものか、それとも役務等の対価でなく喜捨等の性格を有するものか、また、②当該事業が宗教法人以外の法人の一般的に行う事業と競合するものか否か等の観点を踏まえた上で、当該事業の目的、内容、態様等の諸事情を社会通念に照らして総合的に検討して判断すべきとした。

そして、①Xの行うペット葬祭業においては、料金表等により一定の金額が定められており、依頼者が支払う金員は、Xが提供している役務等の対価の支払とみるのが相当であり、また、②ペット葬祭業の目的、内容、料金の定め方、周知方法等の諸点において、宗教法人以外の法人が一般的に行う同種の事業と基本的に異ならず、それらの事業と競合するから、宗教上の儀式の形式により葬祭を取り行っていること等を考慮しても、Xの行うペット葬祭業は収益事業に該当するとした。

2 最高裁は、宗教法人以外の法人の事業との競合可能性を問題にした。これは、競合可能性がある場合には、競争条件を平等化すべきという考え方（イコール・フッティング論）を基礎とするものである。

もっとも、これに対しては、対価性と競合性の相互の関係や比重が

定かではないとか、厳密にみて競合というものがそもそも存在するのかといった指摘もある。

　また、競合の不存在の場合を非課税とする法律上の根拠は明確に見当たらないとか、収益事業課税の立法趣旨は、宗教法人等が資金を賄うために営利活動を始めた場合に、民間企業と競合する可能性があるため、競争条件を平等化しようとしたものであるところ、ペット葬祭業の場合は、ペットブームに便乗した民間企業が宗教法人の活動を模倣したものであり、法が想定したケースとは真逆であるといった批判もある。

3　一審・二審も、表現やアプローチは若干異なるものの、概ね最高裁と同様の論理により、同様の結論を導いている。

　なお、お守り、お札等の販売や神前結婚式等は収益事業とは取り扱われていないこと(注)や、僧侶に渡す供養料にも事実上相場が存在すること等を踏まえ、最高裁は、対価性を強調し過ぎるのではなく、他の法人の事業との競合可能性をより意識しているのではないかとの分析もある。

判決後の動向等

　一連の公益法人改革により、公益社団法人等の行う公益目的事業に該当する収益事業は非課税とされたが、宗教法人等については、本件同様の問題は残っており、本件は、類似案件についての参考となろう。

(注)　法人税基本通達 15-1-10、15-1-72

より詳しく学ぶための『参考文献』

- 租税判例百選〔第7版〕100頁
- 判例タイムズ 1241 号 81 頁
- 判例タイムズ 1281 号 165 頁
- 税務事例 43 巻 5 号 48 頁
- 三木義一「宗教法人によるペット供養の非収益事業性」立命館法学 298 号 406 頁
- TAINS コード：Z258–11023

ＮＴＴドコモ事件

最判平成 20 年 9 月 16 日（民集 62 巻 8 号 2089 頁）

概　　要

　X社、A社、B社は、同グループに属する通信事業者である。A社は PHS（簡易型携帯電話）事業を営んでいて、A社の PHS 回線とB社の電話網を、B社所有のエントランス回線を利用して接続することによって、PHS 端末利用者に通話サービスを提供していた。この回線の設置に当たってのA社の負担金は 1 回線当たり 7 万 2,800 円で、回線数は 15 万回線であった。

　X社は、A社からその事業の譲渡を受けることとし、A社に対し、エントランス回線利用権譲渡の対価として、1 回線当たり 7 万 2,800 円を支払った。

　X社は、該当事業年度の法人税の確定申告に当たり、個別のエントランス回線利用権をそれぞれ少額減価償却資産（旧法人税法施行令 133 条）として、取得価額の全額を損金に算入した。これに対し、Y税務署長は、同利用権は少額減価償却資産に該当しないとして、更正処分を行った。これを不服としてXが出訴した。

　最高裁は、Xの主張を認めた。

関係図

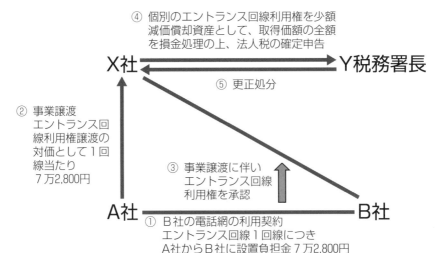

④ 個別のエントランス回線利用権を少額
減価償却資産として、取得価額の全額
を損金処理の上、法人税の確定申告

X社 ←――――――――――→ Y税務署長

⑤ 更正処分

② 事業譲渡
エントランス回
線利用権譲渡の
対価として1回
線当たり
7万2,800円

③ 事業譲渡に伴い
エントランス回線
利用権を承認

A社 ―――――――――――――― B社

① B社の電話網の利用契約
エントランス回線1回線につき
A社からB社に設置負担金7万2,800円

争点

本件のエントランス回線利用権は、少額減価償却資産（旧法人税法施行令133条）に該当するか。

判決要旨

本件のエントランス回線利用権は、少額減価償却資産に該当する。

評釈

1 取引の対象となった減価償却資産の取得価額が10万円未満であれば、その取得価額に相当する金額全額につき、取得した事業年度において損金処理することができる。

本件では、X社主張のように、個別のエントランス回線利用権を1単位として取引したものとみれば、各利用権をそれぞれ少額減価償却資産とすることによって、取得価額に相当する金額全額につき、損金

処理することができるようになる。本件では回線数が多数に及んだため、これが認められれば、当該事業年度において約110億円もの損金処理が可能となる。

これに対し、Y主張のように、取引の対象となった利用権全体を一体としてみれば、少額減価償却資産には該当しないことになるから、当然、このような処理は認められない。

2 この点について、Yは、まず前提として、無形固定資産等外形上個数を判定するのが困難な資産については、減価償却資産が事業において収益を生み出す源泉としての機能を発揮することができる単位をもって1個の資産と把握し、その取得価額を認定すべきであると主張した。

その上で、X社のPHS事業において、1人のエンドユーザーに対し、サービスエリア内のどこからでも、また移動しながらでも通信できるという基本的サービスを提供するためには、エントランス回線が複数存在することが不可欠で、全体が一体となって、PHS事業の収益を生み出す源泉としての機能を発揮するのだから、全体を1個の資産とみて取得価額を認定すべきで、そうすると、本件のエントランス回線利用権は、少額減価償却資産には該当し得ないと主張した。

3 これに対し、最高裁は、エントランス回線が1回線あれば、その回線が接続する基地局のエリア内のPHS端末と、固定電話や携帯電話との間で、双方向の通話が可能になるし、利用権の対価も1回線単位で定められている点を指摘した上で、本件のエントランス回線利用権は、エントランス回線1回線にかかる権利1つを1単位として取引されているということができると認定した。

また、エントランス回線が1回線あれば、必要な機能を発揮でき、収益の獲得にも寄与できるとも指摘した。

そして、これらを踏まえ、エントランス回線1回線にかかる利用権

1つをもって、1つの減価償却資産とみるのが相当であるとし、その各取得価額が7万2,800円だから、それぞれが少額減価償却資産であると結論付けた。

4 エントランス回線総体として高い価値になるという見方は可能だろうが、1回線のみではその価値を評価できないわけでもないだろうし、1回線のみ追加することも一応可能だろう。Yの主張も直感的には理解できないではないが、結論としては、最高裁が示したようなものとなるであろう。

判決後の動向等

本件は、判断の集積が少ない分野についての事例判断として、実務上重要な意義を有するといえる。

他方、本件の結論に対しては、批判的意見も散見される。例えば、減価償却資産を細分化することにより、少額減価償却資産の規定を適用することができるならば、内容によっては当該規程の濫用になりかねないとの指摘がある（もっとも、これに対しては、控除限度額を設けるなどの対策があるとの指摘もある）。さらなる議論の進展が待たれる。

より詳しく学ぶための『参考文献』

- 最高裁判所判例解説民事篇（平成20年度）467頁
- 判例タイムズ別冊29号282頁
- 租税判例百選〔第5版〕106頁
- 租税判例百選〔第7版〕112頁
- TAINSコード：Z258-11032

大竹貿易事件

最判平成 5 年 11 月 25 日（民集 47 巻 9 号 5278 頁）

概　要

　輸出業者である X 社は、 関係図 ①〜④のようにして商品を輸出し、その代金を回収していた。そして、X 社は、従前から、 関係図 ④の時点で輸出取引の収益を計上し、所得金額を計算の上、法人税の確定申告をしていた。

　このようにして X 社が行っていた輸出取引のうちのある取引につき、④荷為替手形を取引銀行に買い取ってもらったのが、①船積みが行われた事業年度の次の事業年度となった。

　X 社は、上記に従い、この取引の収益について、④荷為替手形の買取が行われた事業年度の収益として計上して、法人税の確定申告をした。これに対し、Y 税務署長は、X 社は①船積みの時点で収益を計上すべきで、1 つ前の事業年度の収益とすべきだったとして、X 社に対し、更正処分を行った。

　X 社は、これを不服として、処分の取消しを求める訴訟を提起したが、最高裁は、X 社の主張を認めなかった。

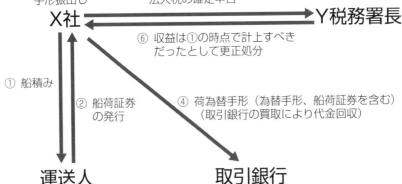

関係図

③ 商品代金取立
のための為替
手形振出し

⑤ 本取引の収益を
④の時点で計上し
法人税の確定申告

X社 ━━━━━━━━▶ Y税務署長

⑥ 収益は①の時点で計上すべき
だったとして更正処分

① 船積み

② 船荷証券
の発行

④ 荷為替手形（為替手形、船荷証券を含む）
（取引銀行の買取により代金回収）

運送人　　　　　　　取引銀行

争点

関係図④の日（荷為替手形の買取日）の属する事業年度に収益を計
上することは、一般に公正妥当と認められる会計処理の基準に適合する
か。

判決要旨

関係図④の日の属する事業年度に収益を計上することは、一般に
公正妥当と認められる会計処理の基準に適合しない。

評　釈

1　本件のように船荷証券が発行されている場合、売主が船荷証券等を
　買主に提供したときに、商品の所有権は買主に移転し、その効果が船
　積みの時にさかのぼるものと、国際的に解されている。

　　今日では、売主は、商品の船積みを完了すれば、取引銀行において
　為替手形を買い取ってもらうことにより、売買代金の回収を図り得

る。そのため、輸出取引による収益の計上については、船積み時を基準とする会計処理が、広く採用されている（船積日基準）。

2 ところが、X社は、荷為替手形を取引銀行で買い取ってもらう際に船荷証券を取引銀行に交付することによって商品の引渡しをしたものとして、従前から、その時点において、その輸出取引による収益を計上してきた（為替取組日基準）。

これに対し、Y税務署長が、為替取組日基準による会計処理は、一般に公正妥当と認められる会計処理の基準に適合しない、船積日基準によるべきだ、として、X社に対し、更正処分を行ったのである。

3 最高裁は、まず、次のような判断基準を示した。

① ある収益をどの事業年度に計上すべきかは、一般に公正妥当と認められる会計処理の基準に従うべきであり、これによれば、収益は、その実現があった時、すなわち、その収入すべき権利が確定した時の属する年度の益金に計上すべきである。

② もっとも、法人税法13条4項の趣旨からすると、法律上どの時点で権利の行使が可能となるかという基準が唯一の基準となるのではない。

取引の経済的実態からみて合理的な基準の中から、法人が特定の基準を選択し、継続してその基準によって収益を計上している場合には、法人税法上も、その会計処理を正当なものとして是認すべきである。

③ しかし、権利の実現が未確定なのに収益に計上したり、既に確定した収入すべき権利を現金の回収を待って収益に計上したりするなどの会計処理は、一般に公正妥当と認められる会計処理の基準に適合するものとは認め難い。

4 最高裁は、次に、船積日基準の適合性について述べた。

① 本件では、船荷証券が買主に提供されることによって、商品の完

162

全な引渡しが完了し、代金請求権の行使が法律上可能になる。

したがって、上記基準によれば、その時点において収益を計上するという会計処理が相当ということになる。

② しかし、今日の輸出取引においては、船積時点で、売買契約に基づく売主の引渡義務の履行は、実質的に完了する。そして、売主は、その後はいつでも、取引銀行に為替手形を買い取ってもらうことにより、売買代金相当額の回収を図り得る。

そうすると、船積時点において、売買契約による代金請求権が確定したものとみることができる。したがって、商品の船積時点において、その取引によって収入すべき権利が既に確定したものとして、これを収益に計上するという会計処理も、合理的なものというべきであり、一般に公正妥当と認められる会計処理の基準に適合する。

5 最高裁は、さらに、為替取組日基準の不適合性について述べた。

① 船荷証券の交付は、売買契約に基づく引渡義務の履行ではなく、為替手形を買い取ってもらうための担保として、取引銀行に提供するものである。したがって、その時点で商品の引渡しがあったとはいえない。

② 為替取組日基準は、商品の船積みによって既に確定したものとみられる売買代金請求権を、為替手形を取引銀行に買い取ってもらうことにより、現実に売買代金相当額を回収する時点まで待って、収益に計上するものである。

これは、収益計上時期を人為的に操作する余地を生じさせる点において、一般に公正妥当と認められる会計処理の基準に適合するものとはいえない。

6 最高裁は、以上の点を指摘して、X社が採用していた為替取組日基準を認めなかった。もっとも、取引の継続性等を踏まえても収益計上時期を操作する余地があったのか、といった点を、もっと掘り下げて

検討してもよかったのではないかとも思われる。

判決後の動向等

本判決は、具体的判断により実務の指針を示した点で、意義のある判決となった。

なお、本判決には、2名の裁判官の反対意見が付された。本件についての評釈等を見ても、賛成意見もあるが、反対意見も見られる。紙面の都合上ここで詳細のご紹介をすることは控えるが、ご興味があれば研究されたい。

より詳しく学ぶための『参考文献』

- 最高裁判所判例解説民事篇（平成5年度・下）991頁
- 判例タイムズ842号94頁
- 金融・商事判例946号3頁
- 金融法務事情1391号45頁
- ジュリスト臨時増刊1046号104頁
- ジュリスト1047号78頁
- 租税判例百選〔第7版〕128頁
- TAINS コード：Z199-7233

判例 **3-9**

南九州コカ・コーラボトリング事件

最判平成 21 年 7 月 10 日（民集 63 巻 6 号 1092 頁）

概　要

　X 社は、法人税法 68 条 1 項の規定を適用して、支払を受けた配当等に対して課された所得税額を控除するに当たり、いわゆる銘柄別簡便法により計算した。しかし、その際に計算を誤り、控除額が過少なまま法人税の確定申告をするに至った。

　X 社は、これを訂正すべく、Y 税務署長に対し更正の請求を行ったが、Y 税務署長は、X 社に対し、更正すべき理由がない旨の通知をした。そこで、X 社は、その取消しを求め提訴した。

　なお、Y 税務署長は、X 社の提訴後、別の理由により増額更正を行ったので（X 社の上記主張は認めない内容）、X 社は、訴えの変更を行い、更正処分の取消しを求めることとなった。

　最高裁は、X 社の主張を認め、更正処分を取り消した。

③ 更正すべき理由がない旨の通知

⑤ 増額更正

X社 ←――――――――――――――――→ Y税務署長

① 配当等に係る所得税額を控除するに当たり、
銘柄別簡便法による計算を誤り、控除額が
過少なまま法人税の確定申告

② 更正の請求

④ 提訴

⑥ 訴えの変更

争点

　旧法人税法68条3項（現4項）では、控除されるべき金額は確定申告書に記載された金額が限度となる旨規定されているが、いったん金額を記載したら是正はできないのか。できるとしたらどのような場合か。

判決要旨

　原則として是正は認められないが、本件の控除額の記載の誤りは、所有株式数の記載誤りに起因する単純なものであり、正当に計算される金額全額につき控除を受けようとする意思があったことは、確定申告書の記載等から見て取れるから、本件では是正が認められる。

評　釈

1　一審はX社の主張を認めた。

　しかし、二審は、旧68条3項の文言はできる限り厳格に解釈されるべきで、納税者が自由な意思と判断により控除を受ける金額を確定申告書に記載した以上、法令解釈や計算誤りがあっても、直ちに更正

の請求の要件を満たすことにはならないなどとして、更正処分は適法であると判断した。

2 最高裁は、以下のように述べて、原則としては更正の請求が認められないこと、更正の請求を認めないのは、納税者が所得税額控除制度の適用を受けることを選択しなかったからであることを指摘した。

すなわち、旧68条3項は、納税者が、確定申告において、申告の対象となる事業年度中に支払を受けた配当等に係る所得税額の全部又は一部につき、所得税額控除制度の適用を受けることを選択しなかった以上、後になってこれを覆し、制度の適用を受ける範囲を追加的に拡張する趣旨で更正の請求をすることを許さないこととしたものである。

3 他方、最高裁は、旧68条3項のこのような趣旨からして、所得税額控除制度の適用を受けることを選択する意思があったと認められ、更正の請求が制度の適用を受ける範囲を追加的に拡張しようとするものでない場合には、更正の請求を認め得ることも明らかにした。

本件についても、①X社が、確定申告書に添付した明細書に、所有する株式の全銘柄を記載し、配当等として受け取った収入金額・課された所得税額を銘柄別に全て記載したこと、②控除を受ける所得税額が過少記載となったのは、配当等の計算の基礎となった期間の期末及び期首の各時点における所有株式数を記載すべきだったのに、誤って確定申告に係る事業年度のそれを記載したためであることなどを認定した上、X社は、所有する株式の全銘柄に係る所得税額の全部を対象として、法令に基づき正当に計算される金額につき、所得税額控除制度の適用を受けることを選択する意思であったことが見て取れるとした。

そして、本件の更正の請求は、所得税額控除制度の適用を受ける範囲を追加的に拡張する趣旨のものではなかったから、更正の請求の要件を満たしており、にもかかわらずそのことを認めずになされた増額更正は違法であると判断した。

　本論点に関するリーディングケースとして、最判昭和 62 年 11 月 10 日[注1]が挙げられる。当該事案では、いったん概算控除を選択して申告した場合には、実額控除の方が有利であることが後日判明しても、更正の請求をすることはできない旨の判断がなされた。

本件は当該事例と一見判断を異にするが、納税者の選択の有無が判断を分けたものと思われる。

　このほか、錯誤に基づく概算経費選択の意思表示を撤回し、実額経費を必要経費として計上する余地があることを示した最判平成 2 年 6 月 5 日[注2]も参考になる。

より詳しく学ぶための 『参考文献』

- 最高裁判所判例解説民事篇（平成 21 年度・下）516 頁
- 判例タイムズ 1307 号 105 頁
- 金融法務事情 1890 号 54 頁
- ジュリスト 1401 号 87 頁
- 租税判例百選〔第 7 版〕208 頁
- TAINS コード：Z259-11242

（注1）　TAINS コード：Z160-6005
（注2）　TAINS コード：Z176-6524

双輝汽船事件

最判平成 19 年 9 月 28 日（民集 61 巻 6 号 2486 頁）

概　要

　　X社は海運業を営んでおり、パナマにて 100％子会社Aを設立した。しかし、パナマにはA社の事務所はなく、運営は全てX社が行っていた。そして、A社名義の資産・負債、損益は、全てX社に帰属するものとして、法人税等の確定申告を行っていた。

　　ある事業年度において、A社において欠損が発生したため、X社は、従前どおり、これも自らに帰属するものとして、法人税等の確定申告を行った。これに対し、Y税務署長は、A社は特定外国子会社等（租税特別措置法 66 条の 6 第 1 項・第 2 項）に該当するが、同条は、A社での欠損をX社の損失に算入することを認めていないとして、X社に対し更正処分を行った。そこでX社が処分の取消しを求めて出訴したのが本件である。

　　最高裁は、X社の主張を認めなかった。

関係図

③ 更正処分

X社 ← → Y税務署長

② A社での欠損はX社に帰属するものとして法人税等の確定申告

① X社、パナマに100％子会社Aを設立

A社

租税特別措置法66条の6第1項が、特定外国子会社等での未処分所得額を踏まえて算出された一定の金額を、内国法人の所得の計算上益金の額に算入することとしていることから、特定外国子会社等での欠損の金額についても、内国法人の所得の計算上損金の額に算入できるものと解することができるか。

判決要旨

租税特別措置法66条の6第1項が、特定外国子会社等での未処分所得額を踏まえて算出された一定の金額を、内国法人の所得の計算上益金の額に算入することとしているからといって、特定外国子会社等での欠損の金額を、内国法人の所得の計算上損金の額に算入できるものと解することはできない。

評 釈

1 租税特別措置法66条の6第2項2号は、特定外国子会社等の未処分所得額につき、過去5年以内の欠損の金額を踏まえた調整をした所得額とする旨定めている。そして、これを踏まえて算出された一定の金額を、内国法人の所得の計算上益金の額に算入することとしている。

そこで、Y税務署長は、同条は、特定外国子会社等に欠損が生じた場合には、5年間は、未処分所得額の算出において控除すべきものとして繰り越すことを強制したものであり、したがって、内国法人の所得の金額の計算上、当該欠損の額を損金の額に算入することは禁止されていると主張した。

2 これについて、一審は、いわゆるタックス・ヘイブン対策税制の立法趣旨に照らすと、租税特別措置法66条の6は、特定外国子会社等の所得金額に所定の調整を加えた後もなお所得が生じている場合に、

一定限度で、内国法人の所得の計算上益金の額に算入する取扱いを規定したものにとどまり、特定外国子会社等に欠損が生じた場合の取扱いまで規定したものではないなどと指摘した。そして、そうであれば、特定外国子会社等の欠損を内国法人の損金の額に算入することが、同条により禁止されているとは解釈できないとして、X社の請求を認めた。

3 これに対し、二審は、同様にタックス・ヘイブン対策税制の立法趣旨に言及しつつ、その立法趣旨からすると、特定外国子会社等に欠損が生じた場合には、それを内国法人の損金に算入することを認めず、5年間は、特定外国子会社等の未処分所得の算出において控除すべきものとして繰り越すことを強制していると解して、Y税務署長とほぼ同様の見解を採り、X社の請求を棄却した。

4 最高裁は、二審の結論を維持したものの、特定外国子会社等に欠損が生じた場合には、これを翌事業年度以降の当該特定外国子会社等における未処分所得の金額の算定に当たり5年を限度として繰り越して控除することが認められているにとどまるものというべきであって、欠損の金額を内国法人の損金の額に算入することができると解することはできないと述べており、二審とはやや異なる表現をした。

古田裁判官は、補足意見において、法人は、法律により、損益の帰属すべき主体として設立が認められるものであり、その事業として行われた活動に係る損益は、特殊な事情がない限り、法律上その法人に帰属するものと認めるべきであると指摘した。そして、A社における船舶の保有・その運用等は、すべてX社の決定によるものだとしても、法律上A社の事業活動と認めるべきものである以上、これに係る損益もA社に帰属するべきものであると述べた。法人税は原則として各法人に課せられるものであることからすれば素直な解釈であるし、本件についても、こうした基本的な理解を踏まえて検討を進めれば、

素直な結論を早く導けたのかもしれない（なお、補足意見は、もちろん、租税特別措置法66条の6にも言及している）。

　最高裁の判決理由でも、当てはめ部分において、A社はX社とは別法人として独自の活動を行っていたとみるべきである旨言及しているが、上記の補足意見の影響を受けたものであろう。

判決後の動向等

　租税特別措置法66条の6は、タックス・ヘイブン対策としては法人税法11条（実質所得者課税の原則）では限界があることを踏まえて定められた制度である。

　もっとも、法人税法11条が適用可能な場面もないわけではないだろうし、法人税法11条と租税特別措置法66条の6の適用範囲が全く同じわけでもないだろう。両規定の関係については、いくつかの解釈があり得る。ご興味があれば研究されたい。

より詳しく学ぶための『参考文献』

- 最高裁判所判例解説民事篇（平成19年度・下）654頁
- 判例タイムズ1257号69頁
- 別冊判例タイムズ25号254頁
- ジュリスト1362号118頁
- 租税判例百選〔第7版〕60頁
- TAINSコード：Z257-10794

判例 **3-11**

オウンシャホールディング事件

最判平成 18 年 1 月 24 日（集民 219 号 285 頁）

概　要

　X社は、X社所有の資産（放送局の株式）を現物出資して、オランダ法人A社を設立した（X社の 100％子会社）。その後、X社の筆頭株主であった財団法人Cは、その 100％子会社であるオランダ法人B社を設立した。同時に、A社は、B社に対し、発行済株式総数の 15 倍の新株を、著しく有利な価額で発行した。これにより、A社の増資前の資産価値の100％と増資後の資産価値の 6.25％（16 分の 1）の差額が、X社からB社に移転する結果となったが、B社からX社にその対価は払われなかった。

　Y税務署長は、上記資産価値の移転につき、X社のB社に対する寄附金と認定して、X社に対し更正処分を行ったが、X社がこれを不服として処分の取消しを求めたのが本件である。

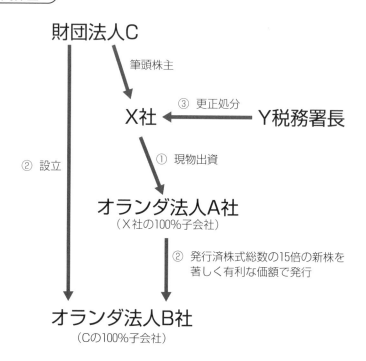

関係図

財団法人C

筆頭株主

X社 ← ③ 更正処分 ← Y税務署長

② 設立

① 現物出資

オランダ法人A社
（X社の100%子会社）

② 発行済株式総数の15倍の新株を
著しく有利な価額で発行

オランダ法人B社
（Cの100%子会社）

争点

　本件のような株式の有利発行に基づく資産価値の移転は、法人税法
22条2項にいう「取引」に該当するか。

判決要旨

　本件の事実関係の下では、株式の有利発行に基づく資産価値の移転
は、法人税法22条2項にいう「取引」に該当する。

評釈

1 　X社は、B社との間の直接の法律関係に基づき、B社に対し、直接
　財産を移転したわけではない。

　一審は、その点を重視し、Ｘ社は、Ａ社の株主として新株発行についての株主総会決議に賛成し、その結果当該決議が成立したものの、当該決議はＡ社の内部的意思決定にすぎず、その段階では未だ増資の効果が生じていないから、Ａ社の資産価値がＸ社からＢ社に移転したとしても、それはＸ社の行為によるものではないので、この資産価値の移転につき、Ｘ社に対し法人税法22条2項を適用して益金の額に算入することはできないと判断した。

2　これに対し、二審は、新株発行によるＡ社持株割合の変化は、Ｘ社・Ｂ社等が意思を相通じた結果にほかならないと指摘した。そして、Ｘ社は、Ｂ社との合意に基づき、Ｂ社から対価を得ずに、Ａ社の資産につき株主としての支配権を失う一方、Ｂ社がこれを取得したと認定評価すべきであって、本件の資産価値の移転は、法人税法22条2項の「無償による資産の譲渡」又は「その他の取引」に該当すると判断した。

3　最高裁は、本件の事実関係の下では、Ｘ社の保有するＡ社株式に表章されたＡ社の資産価値については、Ｘ社が支配し、処分することができる利益として明確に認めることができると指摘した上で、Ｘ社は実際に、そのような利益を、Ｂ社との合意に基づき、Ｂ社に移転したと認定した。そして、そうであるならば、この資産価値の移転は、法人税法22条2項にいう「取引」に当たると述べ、二審の結論を支持した。

4　二審・最高裁は、本件の資産価値の移転が、「無償による資産の譲渡」なのか「その他の取引」なのかを明確にはしなかった。

　しかし、関係図のように各社は相互に強く関係しており、役職員も共通していて、本件のスキームが関係者の意図に基づくものであることを踏まえ、資産価値の移転につき法人税法22条2項を適用できるとの結論を導いた。

5 なお、最高裁は、株式の評価方法が違法であるとのX社の主張については認め、これについて更に審理させるため、本件を高裁に差し戻した。

判決後の動向等

　本件は平成 10 年以前の事案である。当時は、現物出資についての譲渡所得課税が圧縮記帳によって繰り延べられていたが、平成 10 年の法人税法の改正により、現物出資時に含み益に課税されることとなった。そのため、本件のような方法で節税を図ることはできなくなっている。

より詳しく学ぶための『参考文献』

- 判例タイムズ 1203 号 108 頁
- 判例時報 1923 号 20 頁
- 租税判例百選〔第 7 版〕106 頁
- TAINS コード：Z256–10279

判例 3-12

萬有製薬事件

東京高判平成 15 年 9 月 9 日（高等裁判所民事判例集 56 巻 3 号 1 頁）

概　要

　製薬会社 X 社は、医療研究者らから医学論文の英文添削を請け負い、これを海外の添削業者 A 社に外注していた。その際、X 社は、A 社に対し、医療研究者らから受領する添削料金の 3 倍以上の料金を支払い、この差額分を自ら負担していた。

　そこで、Y 税務署長は、当該負担額は、租税特別措置法 61 条の 4 の交際費等に該当するため、損金には算入されないとして、X 社に対し、更正処分を行った。これに対し、X 社が、当該負担額は、交際費ではなく、損金の額への算入が認められる寄付金に該当すると主張して、更正処分の取消しを求めたのが本件である。

関係図

A社

② 英文添削の外注
医療研究者から受領する料金の 3 倍以上の
料金支払（差額負担）

製薬会社X社 ← **Y税務署長**

③ 差額負担分は交際費に
該当するとして更正処分

① 医学論文の英文添削依頼、添削料金の支払

医療研究者ら

法人の支出は、どのような場合に租税特別措置法61条の4の「交際費等」に該当するか。

判決要旨

法人の支出が、「交際費等」に該当するというためには、①「支出の相手方」が事業に関係ある者等であり、②「支出の目的」が事業関係者等との間の親睦の度を密にして取引関係の円滑な進行を図ることであるとともに、③「行為の形態」が接待、供応、慰安、贈答その他これらに類する行為であること、の3要件を満たすことが必要である。

評 釈

1 交際費等の該当性の判定要件としては、従来、2要件説が採用されていた（旧2要件説）。具体的には①「支出の相手方」が事業に関係ある者等であること、②「支出の目的」がかかる相手方に対する接待、供応、慰安、贈答その他これらに類する行為のためであること、の2要件が判定要件とされていた。

その後、①「支出の相手方」が事業に関係ある者等であること、②「支出の目的」が接待等の行為により事業関係者等との間の親睦の度を密にして取引関係の円滑な進行を図るためのものであること、の2要件が判定要件とされるようになった（新2要件説）。

両者の相違は、前者が行為態様に着目したものであり、後者が行為の意図を基準としている点にあるといわれている。新2要件説では、行為態様による限定が外れるため、交際費等に該当する範囲が広くなると考えられる。交際費課税制度の導入の背景には、交際費名目による法人の濫費に対する強い社会的批判があったといわれており、これが発展して、新2要件説が採用されるようになっていったとの分析も

ある。

2 本件の一審は、新2要件説を採用したと考えられる。そして、

- 英文添削を利用できるのは、事実上、Ｘ社の取引先の病院等に所属する研究者に限られていたこと
- Ｘ社による医薬品販売を円滑にする効果があると考えられること
- Ｘ社による負担額は毎年1億円以上に上り、Ｘ社が負担する割合も大きくなっていたこと

などを指摘した上、それらの事実に照らせば、Ｘ社は、英文添削を、医薬品の販売に係る取引関係を円滑に進行することを目的として行っていたと認定できるなどとして、本件の差額負担は交際費等に該当すると判断した。

3 これに対し、二審は、租税特別措置法61条の4の文言を踏まえれば、新2要件説の2要件に加え、行為の形態が、接待、供応、慰安、贈答その他これらに類する行為であることも必要である旨指摘した。

　そして、Ｘ社において英文添削を行うようになった沿革、英文添削サービスの利用状況、医療研究者に求める費用負担や費用変更の背景事情等を詳細に認定した上、

- 実際には、英文添削を利用していた者の大部分は若手研究者であったこと
- 英文添削の主たる目的は、若手研究者による研究発表の便宜を図り、その支援をする点にあって、医薬品販売を円滑にする意図があったとしても、それが主たる動機だったとは認められないこと
- 当初はＸ社に派遣されてきていた外国人研究者が好意・無償で英文添削をしていたが、その後同人が所属元を退社したために、英文添削を外注せざるを得なくなり、しかし外注費が高額だったために、医療研究者らからは国内の市場価格をのみ受領し、差額をＸ社が負担するようになったこと

- X社が差額負担をしていることを医療研究者らに明かしたこともないこと

などが認められ、そうであれば、取引関係の円滑な進行を図る目的で差額負担がなされたとは認められない旨述べた。

また、行為の形態についても、学術奨励という意味合いが強く、具体的態様等からしても、金銭の贈答と同視できるような性質のものではないなどと述べた。

そのうえで、本件の差額負担は交際費等に該当しないと判断した。

判決後の動向等

本件では、最終的に、差額負担は交際費等に該当しないという判断となったが、例えばX社が差額負担について医療研究者らに明かしていたとしたら、交際費等に該当する可能性が高まっていただろう。

本件以後、交際費等該当性の判断に当たり3要件説が採用されることが一般的となり、そのことには重要な意義があるが、案件ごとに微妙な判断が求められると思われる。

より詳しく学ぶための『参考文献』

- 判例タイムズ 1145 号 141 頁
- ジュリスト 1244 号 295 頁
- ジュリスト 1270 号 210 頁
- 租税判例百選〔第7版〕122 頁
- TAINS コード：Z253-9426

相栄産業事件

最判平成 4 年 10 月 29 日（集民 166 号 525 頁）

概　要

　X社は、電力会社A社との間で電力需給契約を締結し、A社から電気の供給を受けていた。ところが、計量装置の設定誤りにより、12年にわたって、A社がX社から過大に電気料金を徴収していたことが判明した。その間、X社は、誤った電気料金をもとに電気税を納付し、また、支払った電気料金等を損金に算入して法人税の申告と納付を行ってきた。

　A社は、X社に返戻すべき金額が利息を含め2億円になると見込まれること、古い年分の資料が保存されておらず、具体的な金額の確定や返戻までには相当長期間を要すること、一部の電気税の還付には市議会の承認も必要であって煩瑣であるのでX社に放棄してほしいことなどを説明し、X社の了承を得た。そして、X社とA社は、それらを前提に、過払額は1億5,000万円であるとする合意をし、A社はこれをX社に支払った。

　以上を踏まえ、X社は、過大徴収がなされていた期間の確定申告のうち、時効期間の経過した分を除き、過大徴収がなされた各事業年度について、過払分を損金の額から減額して修正申告した。これに対し、Y税務署長は、返戻金1億5,000万円全額を、過払額についての合意をした事業年度の益金に計上すべきだとして、更正処分をした。そこで、X社は、処分の取消しを求めて提訴した。

　最高裁は、X社の主張を認めなかった。

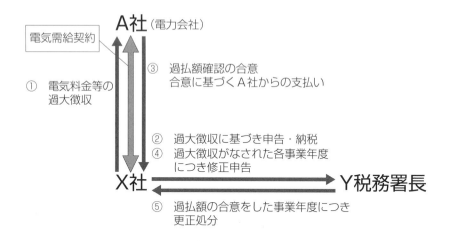

関係図

A社（電力会社）

電気需給契約

① 電気料金等の過大徴収

③ 過払額確認の合意
合意に基づくA社からの支払い

② 過大徴収に基づき申告・納税
④ 過大徴収がなされた各事業年度につき修正申告

X社 —————————————→ Y税務署長

⑤ 過払額の合意をした事業年度につき更正処分

争点

数年にわたり過大に支払われた電気料金等の返戻による収益は、過大徴収がなされた各事業年度に帰属するか、それとも過払額の合意をした事業年度に帰属するか。

判決要旨

本件の電気料金等の返戻による収益は、過払額の合意をした事業年度に帰属する。

評釈

1 一審は、権利確定主義に依拠し、電気料金等の返戻金を収益として計上すべき事業年度は、電気料金等の返還請求権が確定した日の属する事業年度であるとした上で、返戻額が確定したのは、X社とA社の合意によるというほかなく、これによる収益は、合意のあった事業年度に帰属する、と判断した。

二審も、一審と同様の判断をした。

2 最高裁も、基本的には同様に解した。

すなわち、過大徴収については、X社もA社も気がついていなかったのだから、これに気がつくまでの間は、X社が返戻金の支払を受けることは事実上不可能で、そうであれば、過大支払の日が属する各事業年度に過大支払分の返還請求権が確定したということはできないと述べた。そして、計量装置の設定誤りが発見されたのを受けて、返還すべき金額について協議が行われ、合意が成立して、返還請求権が確定したとみるのが相当であるとして、返戻金による収益は、合意のあった事業年度に帰属すると判断した。

3 しかし、X社としては本件のトラブルを回避するのが困難である上、上記のように解すると、12年分の過大徴収につきまとめて過払額の合意をすることにより、トータルの納税額が本来より大きくなってしまう可能性がある。

この点、最高裁の判決には少数意見が付いている。少数意見は、過大徴収部分は、過大徴収がなされた各事業年度の原価にはそもそもなっておらず、各事業年度において原価の過大計上がなされた結果になっているから、各事業年度につき修正申告をすることができるはずであるとか、各事業年度において既に過大徴収額は客観的に確定していて、それぞれ不当利得となっている、などと指摘している。

判決後の動向等

民法の考え方からすると、最高裁判決の少数意見のような見解もあり得る。ただ、担税力の客観性ないし確実性といった観点も加味し、権利の確定時期を判定するという会計処理が、税務上是認されてきたと思われ、権利実現の可能性がおよそないような場合にも法的基準のみに依拠して収益の帰属年度を決定することは、必ずしも妥当ではないのではな

いかとの指摘もある。

より詳しく学ぶための『参考文献』

- 判例タイムズ 842 号 110 頁
- 判例時報 1489 号 90 頁
- 租税判例百選〔第 7 版〕134 頁
- TAINS コード：Z193–7013

判例 **3-14**

ヤフー事件

最判平成 28 年 2 月 29 日（民集 70 巻 2 号 242 頁）

概　要

　X社は、平成 21 年 2 月 24 日に、A社からB社の発行済株式の全部の譲渡を受け、同年 3 月 30 日に、B社を吸収合併した。その後、X社が、平成 20 年 4 月 1 日から平成 21 年 3 月 31 日までの事業年度（本件事業年度）の法人税の確定申告に当たり、適格合併に適用される法人税法 57 条 2 項により、B社の未処理欠損金額をX社の欠損金額とみなして、これを損金の額に算入したところ、Y税務署長はこれを認めず、X社に対し、更正処分をした。そこで、X社は、その取消しを求める訴訟を提起した。

　最高裁は、X社の主張を認めなかった。

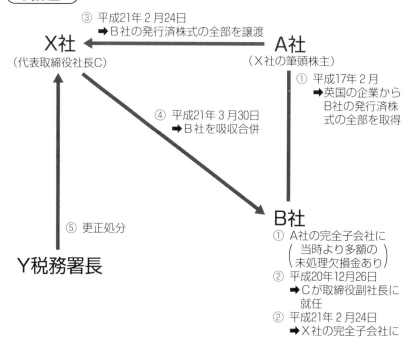

関係図

③ 平成21年2月24日
➡ B社の発行済株式の全部を譲渡

X社
（代表取締役社長C）

A社
（X社の筆頭株主）

① 平成17年2月
➡ 英国の企業から
　B社の発行済株
　式の全部を取得

④ 平成21年3月30日
➡ B社を吸収合併

⑤ 更正処分

Y税務署長

B社
① A社の完全子会社に
　（当時より多額の
　　未処理欠損金あり）
② 平成20年12月26日
　➡ Cが取締役副社長に
　　就任
② 平成21年2月24日
　➡ X社の完全子会社に

<そ 点>

法人税法132条の2の「法人税の負担を不当に減少させる結果となると認められるもの」の意義及びその該当性の判断方法。

判決要旨

法人税法132条の2の「法人税の負担を不当に減少させる結果となると認められるもの」とは、組織再編税制に係る各規定を租税回避の手段として濫用することにより法人税の負担を減少させるものであることをいう。

その該当性は、①法人の行為又は計算の不自然性、②税負担の減少以外の、当該行為又は計算を行う合理的理由等を踏まえ、当該行為又は計算が、組織再編成を利用して税負担を減少させることを意図したもので

あって、組織再編税制に係る各規定の本来の趣旨及び目的から逸脱する態様のものか否かという観点から判断するのが相当である。

評 釈

1 A社は、平成17年2月、英国の企業からB社の発行済株式の全部を取得し、B社を完全子会社とした。

B社には、それ以前から多額の欠損金が発生しており、平成20年3月31日時点で、未処理欠損金額は500億円に達していた。他方、B社の利益は毎年20億円程度であり、当該欠損金額を償却するには相当な期間がかかることが見込まれていた。そこで、B社をX社に適格合併させることによって、この未処理欠損金を処理することとした。

その際、X社と比較してB社の規模が相当小さく、共同事業を行うための適格合併の要件を満たさなかったことから、A社の提案に基づき、X社がA社からB社の発行済株式の全部を買い取った上、完全支配関係がある場合の適格合併を行うことにした。しかし、支配関係が生じて5年未満の場合、みなし共同事業要件を満たさなければ繰越欠損金の引継ぎに制限が生じる。そこで、当該要件に含まれる特定役員引継要件を満たすため、その後、X社取締役会長・A社代表取締役社長のDは、X社代表取締役社長であるCに対し、B社の取締役副社長に就任するよう依頼し、Cはこれを了承した。そして、Cは現にB社の取締役副社長に就任した。

これに対し、Y税務署長は、上記取締役副社長就任を含むX社の一連の行為は、みなし共同事業要件を形式的に満たすだけで、B社の未処理欠損金の額をX社の欠損金額とみなすことを目的とした異常ないし変則的なものであり、容認すれば法人税の負担を不当に減少させるとして、法人税法132条の2に基づき、B社の欠損金額をX社の欠損金額とはみなさず、X社に対する更正処分をしたものである。

2 これに関し、最高裁は、法人税法132条の2の趣旨に言及した上、同条の「法人税の負担を不当に減少させる結果となると認められるもの」の意義及びその該当性の判断方法について述べた。

まずその趣旨について、組織再編成は、その形態や方法が複雑かつ多様であるため、これを利用する巧妙な租税回避行為が行われやすく、租税回避の手段として濫用されるおそれがあることから、法人税法132条の2は、組織再編成において法人税の負担を不当に減少させるような行為又は計算が行われた場合に、それを正常な行為又は計算に引き直して更正又は決定を行う権限を税務署長に認めたものであるとした。

その上で、法人税法132条の2の趣旨目的からすれば、同条の「法人税の負担を不当に減少させる結果となると認められるもの」とは、組織再編税制に係る各規定を租税回避の手段として濫用することにより法人税の負担を減少させるものであることをいい、その該当性は、①法人の行為又は計算の不自然性、②税負担の減少以外の、当該行為又は計算を行う合理的理由等を踏まえ、当該行為又は計算が、組織再編成を利用して税負担を減少させることを意図したものであって、組織再編税制に係る各規定の本来の趣旨及び目的から逸脱する態様のものか否かという観点から判断するのが相当である、と述べた。

3 なお、本件におけるCのB社取締役副社長への就任については、
- A社からの合併提案後にDから副社長就任の依頼があり、これをCが了承したという経緯であって、それ以前からX社とB社において事業上の目的や必要性が具体的に協議された形跡がないこと
- A社からの合併提案、CのB社取締役副社長就任、X社によるB社の買収は、ごく短期間に行われ、CがB社の取締役副社長に就任していた期間もわずか3ヶ月であったこと
- CがB社取締役副社長として行った業務は、合併準備等やその後

　の事業計画に関するものにとどまること
- Cは、B社取締役副社長とはなったが、代表権はなく、非常勤・無報酬で、専任の担当業務も持たなかったこと

などからして、B社の特定役員の実質を備えておらず、みなし共同事業要件の形式を作出するだけの明らかに不自然なものだったと指摘した。また、一連の経緯からして、税負担の減少以外に、合併の合理的な理由といえるような事業目的等があったとはいい難いと指摘した。そして、CのB社取締役副社長への就任は、法人税法132条の2の「法人税の負担を不当に減少させる結果となると認められるもの」と結論付けた。

判決後の動向等

　法人税法132条の2の「法人税の負担を不当に減少させる結果となると認められるもの」については、組織再編税制の各規定の趣旨目的に反することのみを理由にこれに充足すると判断されることもありえ、納税者の予見可能性を大幅に損なうおそれがあると指摘されていた。

　本判決は、そのような法人税法132条の2の「法人税の負担を不当に減少させる結果となると認められるもの」の意義及びその該当性の判断方法について、一定の判断基準を示した点で、実務上大きな意義があったと言われている。

より詳しく学ぶための『参考文献』

- 最高裁判所判例解説民事篇（平成28年度）84頁
- 判例タイムズ1424号68頁
- ジュリスト1497号80頁
- ジュリスト1505号214頁
- 租税判例百選〔第7版〕126頁
- TAINSコード：Z266-12813

4 源泉所得税

ホステス報酬源泉徴収事件

最判平成 22 年 3 月 2 日（民集 64 巻 2 号 420 頁）

概　要

本件は、パブクラブのホステスの報酬に関する源泉所得税額の計算方法が問題となった事案である。

すなわち、所得税法 205 条 2 号、同法施行令 322 条によれば、支払う報酬の額から、「5,000 円に当該支払金額の計算期間の日数を乗じて計算した金額」を控除し、その金額をベースに源泉所得税の額を計算することとなっている。パブクラブ経営者Xは、ホステスに対し、半月ごとに集計して報酬を支払っていたので、5,000 円に半月分の日数（約 15 日）を乗じて、控除額を計算していた。

これに対し、Y税務署長が、5,000 円に乗じることができるのは、実際の稼働日数だけであるとして、源泉所得税の差額分につき、納税告知処分等を行った。

最高裁は、Xの計算方法が正しいと判断した。

関係図

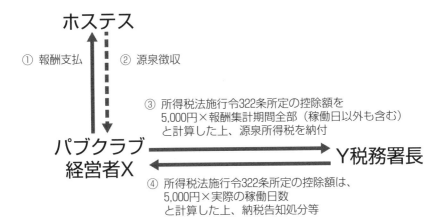

争 点

　所得税法施行令322条の「支払金額の計算期間の日数」とは、本件ではホステスの実際の稼働日数なのか、それとも、集計期間に含まれる、稼働日以外の日も含むすべての日数なのか。

判決要旨

　「支払金額の計算期間の日数」とは、集計期間に含まれる、稼働日以外の日も含むすべての日数である。

評 釈

1　パブクラブ等のホステスに支払われる稼働の対価の支払いは、給与とみるべき場合も存するが、報酬とみるべき場合も多い。この区別については、紙面の関係で省略するが、各自研究されたい。

　　なお、本件の支払いは、報酬であった。

2　一審は、ホステス報酬に係る源泉徴収制度における基礎控除方式

は、源泉徴収の段階で確定的な税額に近い額を源泉徴収額として徴収するために設けられた制度と解され、可能な限り実際の必要経費に近似する額を控除することがその趣旨に合致するとした上で、本件では、ホステスはXと合意した営業日のみ業務上の拘束を受け、その営業日における稼働時間を基に報酬額のベースとなる金額が算定されているから、稼働する営業日についてのみ稼働に伴う必要経費が発生すると捉えるのが自然であるなどとして、Xの主張を退けた（「支払金額の計算期間の日数」とは、ホステスの実際の稼働日数であるとした）。

　二審も、これと同様の立場を採った。

3 これに対し、最高裁は、施行令の文言の解釈を重視し、判断を覆した。

　具体的には、一般に「期間」とは時的連続性を持った概念と解されているから、「支払金額の計算期間」も、計算の基礎となった期間の初日から末日までと解するのが自然であると述べ、また、「期間」の意義についてこれと異なる解釈を採るべき根拠となる規定も見当たらないと指摘した。

　さらに、上記**2**のような考え方については、「租税法規はみだりに規定の文言を離れて解釈すべきではない」として一蹴した。立法論としては、上記**2**のような考え方に基づき制度を整備するということも考えられるだろう。しかし、税法上の判断をする上では、文言解釈が重視されなければならない。誤解を恐れずに言えば、本件では、「稼働しない日の分まで控除できてしまうのではおかしい」という直感的な考えの下（その感覚自体がおかしいというのではない）、上記**2**のような理屈が捻り出されたのであろうが、考察の手順前後があったと言わざるを得ないだろう。

判決後の動向等

本判決当時、同種案件が複数あり、高裁段階で判断が分かれていたよ

うであるが、本判決により決着がついた。その意味で、実務的な影響も大きかったといえる。

　なお、現時点では、特段の法改正はなされておらず、取扱いも、本判決の判断に従ったものとなっている。

　税法においては、やはり文言解釈が極めて重要である。本件は、そのことを再確認させてくれた事例といえる。

より詳しく学ぶための『参考文献』

- 判例タイムズ 1323 号 77 頁
- ジュリスト 1416 号 74 頁
- ジュリスト 1421 号 131 頁
- ジュリスト 1440 号 209 頁
- 租税判例百選〔第 7 版〕28 頁
- TAINS コード：Z260–11390

誤った源泉徴収と確定申告事件

最判平成 4 年 2 月 18 日（民集 46 巻 2 号 77 頁）

概　要

　Xは、昭和 57 年 6 月にA社を退社した。その後昭和 59 年 2 月に、A社は、Xに対し、一定額の金員（本件金員）を支給した。その際、A社は、本件金員を給与所得として源泉徴収し、Y税務署長に対し源泉所得税を納付した。

　Xは、本件金員を、給与所得ではなく一時所得として、昭和 59 年分の所得税の確定申告をした。この申告は、当該所得と他の所得との合算等を経た結果、本件金員についての源泉徴収額の一部の還付を求める内容となった。

　これに対し、Y税務署長は、本件金員は給与所得に該当するとして、還付金額を減額する内容の更正処分をした。これを不服としてXが出訴したのが本件である。

　最高裁は、結論として、Xの主張を認めなかった。

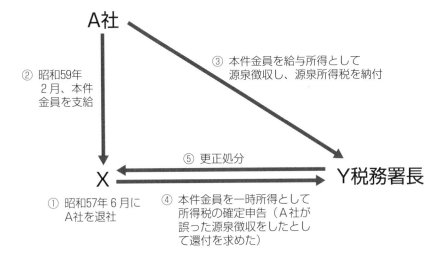

関係図

A社

② 昭和59年
2月、本件
金員を支給

③ 本件金員を給与所得として
源泉徴収し、源泉所得税を納付

⑤ 更正処分

X

Y税務署長

① 昭和57年6月に
A社を退社

④ 本件金員を一時所得として
所得税の確定申告（A社が
誤った源泉徴収をしたとし
て還付を求めた）

争点

　給与等の受給者が、支払者により誤って源泉徴収された場合に、その
金額を税額から控除して確定申告することはできるか。

判決要旨

　給与等の受給者が、支払者により誤って源泉徴収されたとしても、そ
の金額を税額から控除して確定申告することはできない。

評　釈

■　給与等の支払者が誤った源泉徴収をした場合であっても、受給者と
　しては、自らの確定申告において、その金額を税額から控除できれ
　ば、そこで精算してしまえるので、確実かつ便宜である。

　　所得税法の文言に即して述べると、確定申告において所得税額から
　控除できる「源泉徴収された又はされるべき所得税の額」（同法120

条1項5号）が、誤って源泉徴収された金額を含む実際に源泉徴収された金額を指すのであれば、誤って源泉徴収された金額の返還を給与等の支払者に求めずとも、その金額を確定申告書に記載して税額を算出した上、税額控除という形で国に精算してもらえることになる。

　一方、「源泉徴収された又はされるべき所得税の額」には、誤って源泉徴収された金額は含まれない（正当に源泉徴収された又はされるべき金額のみがこれに該当する）ということであれば、誤って源泉徴収された金額については、確定申告書に記載できず、上記のような形での精算はできない。

2　この点について、最高裁は、源泉所得税と申告所得税は別個独立のもので同一性がないこと、源泉所得税の納税に関しては、国と法律関係を有するのは支払者のみで、受給者との間には直接の法律関係を生じないことからすれば、所得税法120条1項5号は、算出所得税額から、源泉徴収の規定に基づいて徴収すべき正しい所得税額を控除しようとするものであって、所得税法は、源泉所得税の徴収・納付における過不足の精算を国と受給者の間で行うことを予定していない（「源泉徴収された又はされるべき所得税の額」には、誤って源泉徴収された金額は含まれない／正当に源泉徴収された又はされるべき金額のみがこれに該当する）と判断した。

3　なお、本判決は、課税処分の取消訴訟の訴訟物について、いわゆる総額主義の立場を採ることを明らかにしたものとしても注目された。

判決後の動向等

　本件で問題になった点については、実務上は本判決により決着が付いたといえるが、このような結論を採ると受給者の救済が不十分となるとか、申告納税制度を補完するという源泉徴収制度の位置付けと整合しない、といった批判もなされている。

より詳しく学ぶための『参考文献』

- 最高裁判所判例解説民事篇（平成 4 年度）46 頁
- 判例タイムズ 803 号 68 頁
- 判例タイムズ 852 号 282 頁
- 金融・商事判例 909 号 3 頁
- ジュリスト臨時増刊 1024 号 62 頁
- 租税判例百選〔第 7 版〕222 頁
- TAINS コード：Z188-6849

給与回収のための強制執行と
源泉徴収義務事件

最判平成 23 年 3 月 22 日（民集 65 巻 2 号 735 頁）

概　要

　X社は従業員Yを懲戒解雇したが、Yはその無効と未払賃金の支払を求めてX社を提訴し、勝訴判決を得た（未払賃金については、源泉所得税を控除しない金額の支払を命じる内容だった）。Yは、これに基づき、X社の事務所内の現金を目的とする動産執行を行ったので、X社は、担当の執行官に対し、未払賃金全額に相当する弁済の提供をした。

　その後、Z税務署長は、これに関し、X社に対して源泉所得税についての納税の告知をした。X社はこれに応じて源泉所得税を納付した上、Yに対し、源泉所得税相当額を返還するよう求めたのが本件である。

関係図

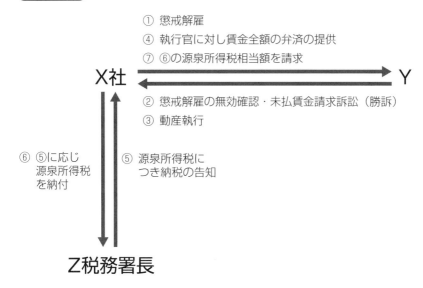

① 懲戒解雇
④ 執行官に対し賃金全額の弁済の提供
⑦ ⑥の源泉所得税相当額を請求

X社 ──────────────→ Y

② 懲戒解雇の無効確認・未払賃金請求訴訟（勝訴）
③ 動産執行

⑥ ⑤に応じ
　源泉所得税
　を納付

⑤ 源泉所得税に
　つき納税の告知

Z税務署長

争点

　給与等の支払をする者は、その支払を命じる判決に基づく強制執行によりその回収を受ける場合でも、源泉徴収義務を負うか。

判決要旨

　給与等の支払をする者は、その支払を命じる判決に基づく強制執行によりその回収を受ける場合でも、源泉徴収義務を負う。

評　釈

1　本件の争点については、従前より源泉徴収義務を肯定する見解と否定する見解があり、否定する見解に基づく高等裁判所の裁判例も存在した。Yは、当該裁判例を引用しつつ、「源泉徴収制度は、あくまで申告納税方式の例外であり、源泉徴収義務者は、その事務の性質上、

任意に賃金を支払う場合において源泉徴収義務を負うにすぎず、その意に反して強制執行により賃金相当額全額の取立てを受けた場合にまでその義務を負うものではない」「給与等の支払をする者が強制執行による取立てを受けた場合には源泉所得税を徴収できないから、源泉徴収義務を負わない」などと述べて、X社はYに対し求償できないと主張した。

　なお、源泉徴収義務を否定する見解からは、強制執行後は、給与等の支払を受けた者が確定申告を通じて納税することにより、本来あるべき税負担を最終的に実現できることになる。

2 しかし、最高裁は、次のように述べて、給与等の支払をする者は源泉徴収義務を負うと結論付けた。

- 給与等の支払をする者が、強制執行によりその回収を受ける場合であっても、それによって、その者の給与等の支払義務は消滅する以上、それは給与等の支払に当たると解するのが相当である。
- 所得税法183条1項は、給与等の支払が任意弁済によるのか強制執行によるのかによって、何らの区別も設けていない。
- 給与等の支払をする者が強制執行によりその回収を受けたとしても、その後源泉所得税を納付したときには、所得税法222条に基づき、源泉所得税に相当する金額を、本来徴収されるべき者に対して請求できるのであるから、強制執行による取立てを受けた時点で源泉所得税を徴収できなくても、源泉徴収義務を否定する根拠にはならない。

　そして、X社はYに対し源泉所得税に相当する金員を求償できるとした。

3 所得税法183条の文言からすると、最高裁の解釈が自然であると思われるし、Yの「給与等の支払をする者が強制執行による取立てを受けた場合には源泉所得税を徴収できないから、源泉徴収義務を負わな

い」という主張についても、最高裁の指摘するとおり、必ずしも論理的ではないように思われる。

判決後の動向等

本件は、肯定説と否定説が存在した論点について、最高裁が肯定説に立つことを明らかにした点で、先例的意義を有する。

類似事例において、争いを長期化させないためには、給与の支払義務が明らかになった後は、使用者側と被用者側が協議し、源泉所得税を控除する取扱いもあり得よう。

なお、第三者が、被用者の使用者に対する給与債権を差し押さえる場合には、所得税等を控除した残額を差し押さえるものとされている。

より詳しく学ぶための『参考文献』

- 最高裁判所判例解説民事篇（平成 23 年度・上）124 頁
- 判例タイムズ 1345 号 111 頁
- ジュリスト 1424 号 88 頁
- ジュリスト 1435 号 122 頁
- 租税判例百選〔第 7 版〕226 頁
- TAINS コード：Z999–5206

破産管財人の源泉徴収義務事件

最判平成 23 年 1 月 14 日（民集 65 巻 1 号 1 頁）

概　要

　破産会社Ａ社の破産管財人である弁護士Ｘは、裁判所の決定に従い、自らに対し、破産管財業務についての報酬金を支払った。また、退職金債権に係る配当金を、Ａ社の元従業員に対して支払った。しかし、Ｘは、これらの支払の際、所得税の源泉徴収をしなかった。そこで、所轄税務署長は、これらの支払につき源泉徴収義務があったとして、Ｘに対し、源泉所得税の納税告知処分と不納付加算税の賦課決定処分をした。

　そこで、Ｘは、Ｙ（国）に対し、源泉所得税・不納付加算税の納税義務がないことの確認請求訴訟を提起した。

　最高裁は、弁護士である破産管財人Ｘは、自らの報酬の支払について源泉徴収義務を負うが、退職手当等の債権に対する配当については源泉徴収義務を負わないと判断した。

関係図

A社（破産）

④ 源泉所得税・不納付加算税の納税義務が存在しないことの確認請求訴訟

破産管財人X ───→ Y（国、所轄税務署長）

① 裁判所の決定に従い自らに対し報酬支払（源泉徴収・納付せず）

③ 源泉所得税の納税告知処分、不納付加算税の賦課決定処分

② 退職金債権に対する配当（源泉徴収・納付せず）

A社の元従業員
（退職金債権を保有）

争点

1 弁護士である破産管財人は、自らの報酬の支払について、所得税法204条1項2号所定の源泉徴収義務を負うか。

2 破産管財人は、破産債権である所得税法199条所定の退職手当等の債権に対する配当について、同条所定の源泉徴収義務を負うか。

判決要旨

1 弁護士である破産管財人は、自らの報酬の支払について、所得税法204条1項2号所定の源泉徴収義務を負う。

2 破産管財人は、破産債権である所得税法199条所定の退職手当等の債権に対する配当について、同条所定の源泉徴収義務を負わない。

1　二審は、以下のように判断して、Xの請求をいずれも棄却していた。

- 所得税法204条1項の「支払をする者」とは、当該支払に係る経済的出捐の効果の帰属主体をいうので、破産管財人の報酬の場合には破産者がこれに該当する。もっとも、破産管財人が管理処分権に基づき報酬の支払をすることは、法的には、破産者が支払うのと同視できるし、破産管財人は当該支払を本来の管財業務として行う。したがって、破産管財人は、当該支払に付随する職務上の義務として、所得税の源泉徴収義務を負う。

- 元従業員の退職金債権に対して破産管財人が行う配当は、所得税法199条の退職手当等の支払に当たるが、当該配当においても、破産管財人の報酬の支払と同様であり、破産者が「支払をする者」に該当し、破産管財人は当該支払に付随する職務上の義務として、所得税の源泉徴収義務を負う。

2　これに対し、最高裁は、破産管財人は、所得税法204条1項の「支払をする者」に含まれるが、退職手当等の関係では同法199条の「支払をする者」には含まれないとした上、破産管財人報酬の支払については所得税の源泉徴収義務を負い、退職手当等の支払については所得税の源泉徴収義務を負わないと判断した。

　　まず、破産管財人報酬については、以下のように述べた。

- 弁護士である破産管財人が支払を受ける報酬は、所得税法204条1項2号の弁護士の業務に関する報酬に該当する。同項が同号所定の報酬の支払をする者に所得税の源泉徴収義務を課しているのは、当該報酬の支払をする者がこれを受ける者と特に密接な関係にあって、徴税上特別の便宜を有し、能率を挙げ得る点を考慮したからである。破産管財人は、自ら行った管財業務の対価として、自ら報酬を支払い、これを受ける。そうすると、弁護士であ

る破産管財人は、その報酬につき、同項の「支払をする者」に当たり、同項2号に基づき、所得税の源泉徴収義務を負うというべきである。

他方、退職手当等の支払については、以下のように述べた。

• 所得税法199条が退職手当等の支払をする者に所得税の源泉徴収義務を課しているのも、当該退職手当等の支払をする者がこれを受ける者と特に密接な関係にあって、徴税上特別の便宜を有し、能率を挙げ得る点を考慮したからである。破産管財人は、労働者との間において、破産前の雇用関係に関し直接の債権債務関係に立つものではなく、破産手続上の職務の遂行として行うにすぎないから、使用者と労働者との関係に準ずるような特に密接な関係があるということはできない。そうすると、破産管財人は、退職手当等につき、同条の「支払をする者」には含まれず、所得税の源泉徴収義務を負わないと解するのが相当である。

3 源泉徴収義務を肯定した場合には、源泉徴収に係る納税債権が優先的に支払われる一方、破産財団が減少する。すなわち、一般の破産債権者にとっては不利となり、租税の納付を受ける国と源泉所得税を負担すべき納税者にとっては有利となる。この点については、従前より、不合理が生じ得ると指摘されていた。そこで、最高裁は、「支払をする者」について上記のように解釈し、一般の破産債権者の負担としてもよいと思われるものと、そうでないものとの棲み分けを図ったのではないかともいわれている。

判決後の動向等

本判決は、従前から議論があり、破産実務上も頻出の問題に、一定の結論を示したものであり、実務上重要な意義がある。

なお、本判決を受けて、国税庁から、「破産前の雇用関係に基づく給

与又は退職手当等の債権に対する配当に係る源泉所得税の還付について（お知らせ）」が公表された[注]。

より詳しく学ぶための『参考文献』

- 最高裁判所判例解説民事篇（平成 23 年度・上）1 頁
- 判例タイムズ 1343 号 96 頁
- 金融・商事判例 1359 号 22 頁
- ジュリスト 1432 号 100 頁
- 租税判例百選〔第 7 版〕228 頁
- 倒産判例百選〔第 5 版〕42 頁
- TAINS コード：Z261-11593

（注）https://www.nta.go.jp/users/gensen/oshirase/index.htm

倉敷青果荷受組合事件

最判平成 30 年 9 月 25 日（民集 72 巻 4 号 317 頁）

概　要

　X組合が、平成 19 年 12 月に、理事長Aに対し、48 億円の債務を免除したところ、Y税務署長から、当該債務免除益（本件債務免除益）はAに対する賞与に該当するとして、給与所得に係る源泉所得税の納税告知処分を受けた。そこで、X組合が、その取消しを求めて出訴したのが本件である。

　Aは、平成 17 年に、B債権回収会社からも債務免除を受けていた。その後、Aは、平成 17 年分の所得税について更正処分を受け、異議申立てをし、平成 19 年 8 月に、Y税務署長から異議決定を受けた。その理由中では、B債権回収会社からの債務免除益について、旧通達（債務免除益のうち、債務者が資力を喪失して債務を弁済することが著しく困難であると認められる場合に受けたものについては、所得金額の計算上収入金額に算入しない、とするもの）の適用があるとの判断がなされていた。

　そのため、X組合は、本件債務免除益についても旧通達の適用があり課税されないと考え、Aとの間でもその旨を確認の上債務免除した。X組合は、こうした理由で、源泉所得税の納付をしなかったものである。

　X組合は、上記の経緯から、Aとの間で確認した前提条件に錯誤があるため、債務免除も無効であり、源泉所得税の納税告知処分を受ける理由がないとして争ったが、結論としては、最高裁は、X組合の当該主張を認めなかった。

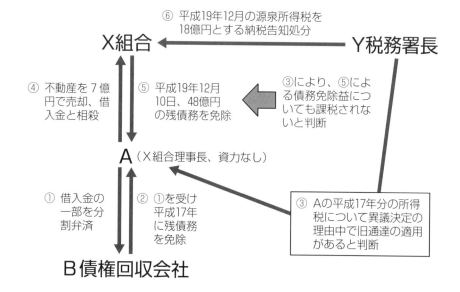

関係図

⑥ 平成19年12月の源泉所得税を
18億円とする納税告知処分

X組合 ← Y税務署長

④ 不動産を7億
円で売却、借
入金と相殺

⑤ 平成19年12月
10日、48億円
の残債務を免除

③により、⑤によ
る債務免除益につ
いても課税されな
いと判断

A（X組合理事長、資力なし）

① 借入金の
一部を分
割弁済

② ①を受け
平成17年
に残債務
を免除

③ Aの平成17年分の所得
税について異議決定の
理由中で旧通達の適用
があると判断

B債権回収会社

争点

　給与所得に係る源泉所得税の納税告知処分について、源泉所得税の納付義務の発生原因行為の錯誤無効を主張して、当該処分の適否を争うことができるか。

判決要旨

　源泉所得税の法定納期限が経過したという一事だけで、源泉所得税の納付義務の発生原因行為の錯誤無効を主張して納税告知処分の適否を争う余地がなくなるわけではない（原審は、源泉所得税の法定納期限の経過後は、錯誤無効の主張をすることはできないと判断していた）。

評釈

❶　一審は本件債務免除益につき旧通達の適用があるとして、当初の二

審は本件債務免除益は給与所得に該当しないとして、X組合の請求を認容したが、最高裁は、本件債務免除益は給与所得に該当するとして、破棄差戻しとした。

2 これを受けて、差戻控訴審は、本件債務免除後はAの総資産が総負債を大幅に上回ってしまうようになったことなどを踏まえ、本件債務免除益の一部は源泉所得税額の計算上給与等の金額に算入できないとした（なお、下記のとおり、錯誤無効の主張を排斥し、一部認容、一部棄却）。

また、債務免除は錯誤により無効であるとの主張については、次のように述べた。

申告納税方式の下では、納税義務の成立後に安易にその発生原因行為の錯誤無効を認めて納税義務を免れさせると、納税者間の公平を害し、租税法律関係を不安定にするから、法定申告期限の経過後の錯誤無効の主張は許されない。源泉徴収制度の下においても、源泉徴収義務者が自主的に法定納期限までに源泉所得税を納付する点では同様である上、むしろ、源泉徴収制度は他の租税債権債務関係よりも早期の安定が予定された制度であることからすると、なおさら、法定納期限の経過後に錯誤無効の主張をすることは許されない。

---

3 X組合は、錯誤無効の主張が排斥されたことを不服として上告した。

最高裁は、納税義務の発生原因たる法律行為が錯誤により無効であることについて、一定の期間内に限り錯誤無効の主張をすることができる旨を定める法令の規定はなく、また、法定納期限の経過により源泉所得税の納付義務が確定するものでもないから、給与所得に係る源泉所得税の納税告知処分について、法定納期限が経過したという一事をもって、当該行為の錯誤無効を主張してその適否を争うことが許されないとする理由はないと述べて、錯誤無効により納税告知処分の適否を争う余地があることを認めた。

ただし、本件については、X組合が、納税告知処分が行われた時点までに、錯誤無効により本件債務免除益が失われた旨の主張をしていないことから、X組合の主張をもってしては、納税告知処分の残部が違法であるということはできない、とした。

判決後の動向等

　本件は、給与所得に係る源泉所得税の納税告知処分について、法定納期限の経過後にその納付義務の発生原因行為の錯誤無効を主張してその適否を争うことの可否について、最高裁が初めて判断を示したものであり、先例的意義がある。

　ただ、本件は、結局、X組合の主張の組み立て方からして、納税告知処分の残部の違法を主張し得ない、という結末となった。この点の詳細は下記参考文献等に譲るが、同様の事案で争う場合には、手続選択の段階から注意を要するということになろう。

より詳しく学ぶための『参考文献』

- 判例タイムズ 1456 号 46 頁
- ジュリスト 1533 号 100 頁
- ジュリスト 1533 号 128 頁
- 租税判例百選〔第 7 版〕224 頁
- TAINS コード：Z268-13191

5 国際課税

判例 5-1

シルバー精工事件

最判平成 16 年 6 月 24 日（集民 214 号 417 頁）

概　要

　X社は、その米国子会社A社を通じ、開発製造したプリンター等を米国で販売した。これに対し、米国法人B社は、自社の米国特許権を侵害するとして、米国において、X社のプリンター等の輸入の差止請求訴訟を提起した。X社は、訴訟対応の負担、敗訴可能性、差止め決定がなされた場合の影響等を考慮し、B社に一定金額を支払うことでB社と和解した（本件和解）。この和解金の支払に当たり、X社は、源泉徴収税額を控除しなかった。

　これについて、Y税務署長は、X社の支払った金員は国内源泉所得である特許権使用料に当たるとして、X社に対し、源泉所得税の納税告知処分を行った。これをX社が争ったのが本件である。

　最高裁は、X社が支払った金員は国内源泉所得である特許権使用料ではないとして、X社の主張を認めた。

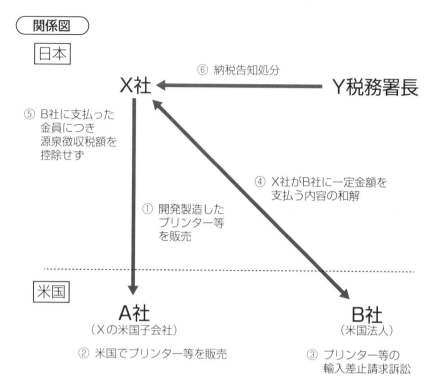

関係図

日本

X社 ← ⑥ 納税告知処分 ← Y税務署長

⑤ B社に支払った
金員につき
源泉徴収税額を
控除せず

④ X社がB社に一定金額を
支払う内容の和解

① 開発製造した
プリンター等
を販売

米国

A社
（Xの米国子会社）

B社
（米国法人）

② 米国でプリンター等を販売

③ プリンター等の
輸入差止請求訴訟

争点

X社の支払った金員は国内源泉所得となるか。

判決要旨

X社の支払った金員は国内源泉所得とはならない。

評釈

1 X社は、本件和解に基づき、ひとまず76万ドルをB社に支払った。Y税務署長による納税告知処分も、この76万ドルに関するものである。

本件では、この76万ドルをどのように評価すべきかが争われたが、源泉地についての考え方、契約解釈、関連事実の捉え方等により、

様々な評価があり得たため、裁判所の判断内容も、一審から最高裁まで一様ではなかった。もっとも、国内源泉所得となるか否かという結論のみを見れば、一審から最高裁まで、同様の結論となった。

ここでは一審・二審の判断内容の詳細には言及しないので、ご興味があれば、それぞれの評釈(注)を参考にされたい。

2 最高裁は、本件和解の目的は、X社が、B社との間で、B社の米国特許権に関する紛争を解決し、X社のプリンター等を引き続き米国に輸出することを可能にすることにあると指摘した。そして、具体的には、

① B社は、X社及びA社を含むX社の関連会社に対し、一定の限度でプリンター等の販売を許可し、また、本件和解日以前に販売済みの分については特許権侵害を主張しないこと

② 本件和解日以前に販売されたプリンター等、本件和解日以後に販売されるプリンター等につき、X社は、B社に対し、それぞれロイヤリティを支払うこと

が、本件和解の骨子となる内容であると認定した。

そして、こうした理解を前提に、76万ドルのうち57万ドルは、本件和解後にプリンター等の販売を許可する条件としてのロイヤリティの前払金であり、うち19万ドルは、本件和解前に米国内で販売されたプリンター等についての、B社米国特許権の実施料であるとした。

これを踏まえ、76万ドルは、米国内におけるプリンター等の販売に係るB社米国特許権の使用料に当たるものであって、X社の日本国内における業務に関して支払われたものとはいえないとし、国内源泉所得とはならないと判断した。

3 なお、本件は、源泉地国課税についていわゆる使用地主義を採用していた旧日米租税条約の下における事案であり、最高裁も使用地主義

(注) 一審についてジュリスト1058号124頁、二審について判例タイムズ1061号134頁

の考え方に基づき結論を出したものと評されている。

判決後の動向等

　本件で、最高裁は、主に契約解釈を重視して結論を出しているように思われる。最高裁のこの種の事例に対する姿勢を理解する意味で、本件の判断内容は参考になるといえる。

　もっとも、契約解釈をどの程度重視すべきなのか、より経済的な観点からのアプローチができないのか、租税法の解釈により道筋を付けられないのか、といった議論もなされている。事実関係や相手国（条約の内容等）次第では、異なる判断となることもあり得よう。

　結論を出すのが容易でないことは、本件の判断に2名の裁判官の反対意見が付され、3対2の僅差の判断となったことからも理解できる。反対意見は、X社が我が国において開発製造したプリンター等に関して支払った使用料である点を重視し、国内源泉所得に当たるとしている。なお、反対意見の詳細については、各自ご検討いただきたい。

より詳しく学ぶための『参考文献』

- 判例タイムズ 1061 号 134 頁
- 判例タイムズ 1163 号 136 頁
- 判例時報 1872 号 46 頁
- ジュリスト 1058 号 124 頁
- 租税判例百選〔第 7 版〕140 頁
- TAINS コード：Z254-9678

日本ガイダント事件

最決平成 20 年 6 月 5 日、東京高判平成 19 年 6 月 28 日（税務訴訟資料 257 号順号 10741）

概　要

　日本法人A社とオランダ法人X社は、A社を営業者、X社を匿名組合員として匿名組合契約を締結した。そして、これに基づき、A社はX社に対し匿名組合分配金を支払った。X社がこれにつき法人税の申告をしなかったところ、Y税務署長が、X社に対し、法人税の決定処分を行った。そこでX社が、同処分の取消しを求めて提訴したのが本件である。

関係図

争点

1 A社とX社が締結した契約は、匿名組合契約か、任意組合契約か。

2 匿名組合分配金は、日蘭租税条約上、「企業の利得」に該当するか、「その他所得」に該当するか。

判決要旨

1 A社とX社が締結した契約は、匿名組合契約である。

2 匿名組合分配金は、日蘭租税条約上、「その他所得」に該当する。

1　B社は、日本国内で医療機器事業を行っていたC社から、当該事業を買収することとし、B社傘下の会社を日本国内に設立することとした。B社は、実際に医療機器事業を行う会社として日本法人A社を設立した一方、オランダ法人X社を設立して、A社の100％の株式を保有させた。

その上で、A社、B社及びX社は、C社から医療機器事業を買収する資金をA社に提供する方法を検討した。資本金として出資すれば利益の全額がA社の課税所得となってしまうことや、A社が大会社となればコスト増が見込まれること、他方、日本の商法上の匿名組合契約を締結して匿名組合出資金として出資すれば、A社には課税されない上、匿名組合の組成の仕方次第で、X社も、日本でもオランダでも課税されない可能性があると見込まれたことから、A社には匿名組合出資金という形で資金を提供することとした。

そして、その後も検討を重ね、A社とX社は匿名組合契約を締結し、これに基づきA社への資金提供がなされた。

2　一審では、主に、A社とX社が締結した契約が匿名組合契約であるか任意組合契約であるか、匿名組合分配金が日蘭租税条約上いずれの所得に該当するか、が争われた。

仮に本件の契約が任意組合契約であれば、X社も日本国内において事業を行っているということになり、旧日蘭租税条約8条1項の「他方の国にある恒久的施設を通じて当該他方の国において事業を行なう場合」に当たるから、これによる「企業の利得」につき、日本に課税権があることになる。そこで、本件の契約の性質について争われた。

この点一審は、匿名組合契約の締結に至った経緯を詳細に認定した上で、A社は、上手に匿名組合を組成できれば、生じた利益のうち匿名組合分配金分についてはA社は課税されず、かつ、X社も日本でも

オランダでも課税されないことになると考えて、その分についての課税を免れる目的で匿名組合契約を成立させる意思の下に匿名組合契約書を作成したのであって、匿名組合契約を締結する真の合意があると認めた。そして、それにもかかわらず、税負担を回避しようとする目的を理由に匿名組合契約の成立を否定するには、その旨の明文の規定が必要だが、そうした規定は存在しないと述べて、A社とX社の契約は匿名組合契約であると認定した。

そして、そうである以上、旧日蘭租税条約8条1項には該当せず、また、その他に具体的に規定するどの条項にも該当しないので、匿名組合分配金は、同条約旧23条の「一方の国の居住者の所得で前諸条に明文の規定がないもの」であり、「その他所得」として、日本には課税権がないと判断した。

3 高裁も、一審の判断を支持した。

さらに、Y税務署長は、契約の性質決定と恒久的施設の有無の認定とは論理必然的には結び付かないのであって、第一に恒久的施設の存否を検討すべきである、そしてオランダの最高裁判決によれば、本件のような法律関係の下でも、営業者の事業拠点を匿名組合員の恒久的施設として認定することができる、とか、仮に本件の契約が匿名組合契約であったとしても、事業の経営方針に対して強い権利を有する業務執行型・財産参加型の非典型的匿名組合契約であり、営業者と共同して事業を運営管理していたといえるから、A社の事業所はX社の日本における恒久的施設というべきである、などと主張した。

しかし、これらの主張は、独自の見解として退けられている。

4 なお、Y税務署長は、さらに上告受理申立てをしたが、上告不受理となった。

　Y税務署長は、租税条約は国際的な二重課税を回避することを主たる目的とするが、租税回避行為の防止も目的とするものであって、本件の租税回避スキームを容認するものではない、とも主張した。

　しかし、高裁は、税負担を回避するという目的それ自体は是認し得ないときもあろう、と述べて悩みを見せつつ、税負担を回避する目的で本件で匿名組合を組成する方法を否定する法的根拠はないといわざるを得ない、二重非課税の排除という目的は、租税条約の明文で定めるなどして解決することが可能であり、それが相当である、と指摘した。

　なお、本件後、日蘭租税条約では、匿名組合契約からの利益分配金について、日本の源泉地国課税を認める規定が定められた。

より詳しく学ぶための『参考文献』

- 判例タイムズ 1266 号 185 頁
- 判例タイムズ 1275 号 127 頁
- 別冊判例タイムズ 25 号 256 頁
- 租税判例百選〔第 5 版〕130 頁
- TAINS コード：Z255-10151

オデコ大陸棚事件

東京高判昭和 59 年 3 月 14 日（行政事件裁判例集 35 巻 3 号 231 頁）

概　要

　X社は、海底石油・ガス井の掘削・開発を事業目的として設立された
パナマ共和国法人である。日本法人A社は、鉱業法に基づき、日本沿岸
の大陸棚の鉱区（領海外）における試掘権の設定を受けたので、X社に
対し、当該鉱区での試掘作業を依頼した。そして、X社は試掘作業を行
い、A社から請負代金の支払を受けた。

　X社は、上記の収入について法人税の申告をせず、国税局が申告する
よう指導しても応じなかった。そこで、Y税務署長は、X社に対し、法
人税の決定をした。そこで、X社が、当該決定の取消しを求めて提訴し
たのが本件である。

　しかし、東京高裁は、X社の主張を認めなかった（高裁の判決が確定）。

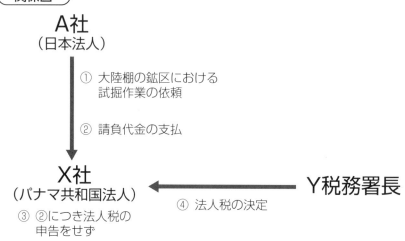

関係図

A社
（日本法人）

① 大陸棚の鉱区における
　試掘作業の依頼

② 請負代金の支払

X社
（パナマ共和国法人）　　←　Y税務署長
③ ②につき法人税の　　④ 法人税の決定
　申告をせず

争点

　日本の領海外の大陸棚で外国法人が行った石油・天然ガスの試掘作業の請負代金は、国内源泉所得に該当するか。

判決要旨

　日本の領海外の大陸棚で外国法人が行った石油・天然ガスの試掘作業の請負代金は、国内源泉所得に該当する。

評釈

1　外国法人は、国内源泉所得を有するとき、日本における納税義務を負う。そして、法人税法2条1号は、国内とは「この法律の施行地をいう」と定義していることから、大陸棚が法人税法の施行地に当たるか否かが問題となった。

2　X社は、「X社は外国法人であり、かつ、国内源泉所得を有しないから、法人税の納付義務を負わない。課税権は国の主権を構成するも

のだから、法人税法2条1項の「国内」すなわち「この法律の施行地」も、日本の領域内を指す。しかし、X社が試掘作業をしたのは領海外である。」と主張して、Y税務署長による法人税の決定の取消しを求めて提訴した。

これに対し、Y税務署長は、大陸棚条約を批准していない日本も、慣習国際法に基づき大陸棚に対する主権的権利を有しており、課税権もこの主権的権利に含まれる、などと反論した（なお、主権的権利とは、排他的経済水域において、水産・鉱物資源、自然エネルギーに対して、探査・開発・保全・管理を独占的に行うことができる権利のことをいい、国連海洋法条約で規定されている）。

そこで、X社は、主権的権利は主権ではないから、大陸棚に対して、沿岸国の課税権は及ばない、課税権が及ぶとしても、新たな立法措置が必要となる、などとさらに反論した。

3 一審は、大陸棚に関する慣習国際法の存否及びその内容について、過去の経緯を詳細に認定した上で、それらの経緯を通じ、大陸棚に関する国際法が次第に形成されていき、大陸棚条約1～3条（ただし一部を除く）の中に織り込まれた大陸棚制度の基本理念が、慣習国際法上の規則となり、昭和44年2月の国際司法裁判所における判決により、そうした慣習国際法の存在が確認された、とした。そして、そのことにより、日本は、大陸棚条約に加入していなくとも、慣習国際法上の権限として、日本の大陸棚に対する主権的権利を行使することができるに至っていた、とした。

また、大陸棚に対する主権的権利は、大陸棚の鉱物資源の探索・開発に必要な、又はそれに関連するものである限り、全ての主権的な権利（立法、行政、司法権）を含むと述べて、課税権も当然主権的権利に含まれる、とした。

さらに、法人税法の施行地域は日本の属地的管轄権の及ぶ範囲と同

じであり、主権ないし主権的権利の効力によっておのずと定まるので、新たな立法措置は必要ない、とした。

そして、本件の請負代金は国内源泉所得に該当するとして、Ｘ社の請求を棄却した。

4 Ｘ社は、二審でも同様の主張を展開したほか、大陸棚を法施行地に含めると、本来静的概念であるべき「法施行地」が、開発目的等により左右される動的概念となってしまう、租税法律主義違反である、減価償却費の取扱いが不適法であるなどと追加の主張をしたが、二審も、基本的に一審の判断を踏襲し、また、Ｘ社の新たな主張についても認めなかった。

判決後の動向等

本件は、日本の課税権の及ぶ範囲の限界について判断したものであり、類似事例の判断の参考になるものとして、重要な意義を有する。

本件で認定された慣習国際法の形成の時期と、本件での試掘作業・所得の発生時期が近接しており、当時適切に判断することは容易でなかったとは思われるが、結果的には、Ｘ社には、相当額の加算税が課されることとなってしまった。どのように対応すべきだったか、という点でも参考になろう。

より詳しく学ぶための『参考文献』

- 判例タイムズ 480 号 126 頁
- ジュリスト 781 号 264 頁
- ジュリスト 792 号 264 頁
- ジュリスト 862 号 251 頁
- 租税判例百選〔第 7 版〕138 頁
- TAINS コード：Z135–5313

判例 5-4

デラウェア州 LPS 事件

最判平成 27 年 7 月 17 日（民集 69 巻 5 号 1253 頁）

概　要

　Xは、A証券との間でファイナンシャル・アドバイザリー契約を締結し、アメリカに所在する不動産への投資事業に参加した。

　まず、Xは、B銀行との間で信託契約を締結し、B銀行に資金を拠出した。B銀行は、デラウェア州有限責任会社との間で、当該州法に基づき、リミテッド・パートナーシップ契約（LPS契約）を締結し、リミテッド・パートナーシップ（LPS）を設立した。その際、Xが拠出した資金をもってLPSに資金拠出し、パートナーシップ持分を取得した。LPSは、建物を購入し、第三者に賃貸する事業を行った。

　Xは、LPSの建物賃貸事業により生じた所得はXの不動産所得に該当するものとして、当該事業に基づく不動産所得の損失（減価償却等によるもの）を他の所得と損益通算の上、所得税の確定申告をした。これに対し、Y税務署長が、不動産所得該当性を否定し、損益通算はできないとして、Xにつき更正処分・過少申告加算税の賦課決定処分を行った。Xがこれを争ったのが本件である。

　最高裁は、Xの主張を認めなかった。

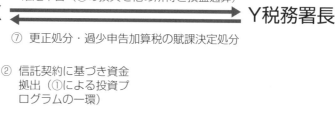

関係図

A証券

① ファイナンシャル・
アドバイザリー契約

⑥ ⑤による所得をXの不動産所得として所得税の
確定申告（⑤の損失を他の所得と損益通算）

X ————————————→ Y税務署長
←————————————

⑦ 更正処分・過少申告加算税の賦課決定処分

② 信託契約に基づき資金
拠出（①による投資プ
ログラムの一環）

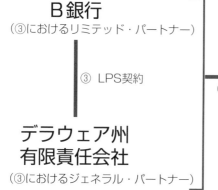

B銀行
（③におけるリミテッド・パートナー）

③ LPS契約

④ 設立 ————→ LPS
⑤ 建物購入・
第三者に賃貸

デラウェア州
有限責任会社
（③におけるジェネラル・パートナー）

争点

本件のLPSは、所得税法2条1項7号・法人税法2条4号等に共通の概念として定められている外国法人に該当するか。

判決要旨

本件のLPSは、外国法人に該当する。

評　釈

1　複数の者の出資により構成された組織体が事業を行う場合、その事業による利益又は損失は、当該組織体が我が国の租税法上の法人に該当するときは当該組織体に帰属するものとして課税上取り扱われ、これに該当しないときはその構成員に帰属するものとして課税上取り扱われる。そのため、本件のLPSが所得税法2条1項7号・法人税法2条4号等に共通の概念として定められている外国法人に該当するか否かが争われた。

2　一審・二審は、外国法人該当性について、事業の損益の帰属主体となり得る実体を有するか否かを基準として判断すべきであるとした上で、基本的には、当該外国の法令によって法人とする旨を規定されていると認められるか否かという観点からこれを検討し、さらに、より実質的な観点から、当該事業体が当該外国において損益の帰属すべき主体として設立が認められたものといえるかどうかを検証するのが相当であるとした。

　　そして、結論としては、本件のLPSは我が国の租税法上の法人や人格のない社団等には該当しないとして、Xの主張を認め、Y税務署長による処分を取り消すべきものとした。

3　これに対し、最高裁は、外国法人該当性について、権利義務の帰属主体とされているか否かを基準として判断することが相当であると述べた。

　　その上で、具体的な判断基準について、以下のように述べた。

- 客観的・一義的な判定をする観点から、①当該組織体に係る設立根拠法令の規定の文言や法制の仕組みから、当該組織体が当該外国の法令において日本法上の法人に相当する法的地位を付与されていること又は付与されていないことが疑義のない程度に明白であるか否かをまず検討すべきである。

- これができない場合には、②当該組織体が権利義務の帰属主体であると認められるか否かを検討して判断すべきである。具体的には、当該組織体の設立根拠法令の規定の内容や趣旨等から、当該組織体が自ら法律行為の当事者となることができ、かつ、その法律効果が当該組織体に帰属すると認められるか否かという点を検討すべきである。

　そして、本件のLPSについては、①の基準によっては疑義のない程度に明白とはいえないとし、②の基準によって判断した。具体的には、デラウェア州のLPS法では、LPSは原則としていかなる事業、目的、活動をも実施でき、関連するあらゆる権限を保有して行使できる旨定められていることなどを指摘した上、本件のLPSは、自ら法律行為の当事者となることができ、かつ、その法律効果も本件のLPSに帰属するといえるから、本件のLPSは権利義務の帰属主体であると認められるとして、外国法人該当性を肯定した。

4　なお、最高裁は、過少申告加算税の賦課決定処分についての審理は高裁に差し戻し、高裁は、差戻し審において、当該決定処分は適法なものであると認めた。

判決後の動向等

　同時期に、東京・大阪でも同様の内容で訴訟が提起され、判断が分かれていたが、本判決により決着した。

　最高裁が「権利義務の帰属主体」という基準を示したことについては、具体的な射程を慎重に検討すべきとする見解もあるが、類似事案の参考になる一定の判断枠組みが示されたという点で、先例的価値の高い判断がなされたといえる。

より詳しく学ぶための『参考文献』

・最高裁判所判例解説民事篇（平成 27 年度・下）349 頁
・判例タイムズ 1418 号 77 頁
・ジュリスト 1470 号 103 頁
・ジュリスト 1486 号 10 頁
・ジュリスト 1492 号 199 頁
・ジュリスト 1496 号 111 頁
・租税判例百選〔第 7 版〕48 頁
・TAINS コード：Z265-12700

判例 6-1 -

武富士事件

最判平成 23 年 2 月 18 日（集民 236 号 71 頁）

概　要

　本件は、相続税法（平成 15 年法律 8 号による改正前のもの）1 条の 2 第
2 号の「住所」に関する解釈適用が問題となった事案である。同号によ
れば、国外財産を贈与された場合、受贈者が国内に住所を有していれば
贈与税を課され、これを有していなければ贈与税を課されないことと
なっていた。

　本件では、大手消費者金融（A 社）の創業者（B）の子（X）が、香
港赴任中に、B 及び B の妻（C）から、オランダ法人（D 社（A 社の子
会社））の出資持分の贈与を受けた。この X の「住所」が問題となり、
結論としては、「住所」は国内にはないと判断された。

関係図

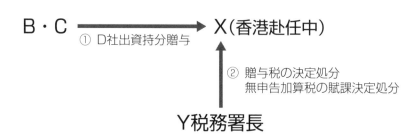

228

争点

贈与日において、Xが日本国内に住所を有していたか。

判決要旨

本件の事実関係の下では、Xは、贈与日において、日本国内に住所を有していたとはいえない（一審は日本国内に住所を有していたとはいえないとし、控訴審は日本国内に住所を有していたとした）。

評釈

1 最高裁は、①贈与がXの香港赴任開始から2年半後（赴任期間中）であること、②赴任時に住民登録を香港に移したこと、③赴任期間の3分の2を香港で過ごしたこと、④香港で業務に従事しており、香港への赴任に実体がないとはいえないこと、他方、⑤香港赴任期間中にも、赴任前に居住していた杉並区の居宅に滞在し、A社の業務に従事した期間があったが、これは赴任期間の4分の1にとどまることなどを指摘し、Xは日本国内に住所を有していたとはいえないとした。

2 控訴審は、Xが、香港に居住することによって贈与税を回避しようとしていたと認定し、Xが日本国内に住所を有していたとの判断に当たって、この点を重視している。

　しかし、最高裁は、いわゆる借用概念論に基づき、住所とは客観的に生活の本拠たる実体を具備しているか否かによって決すべきとした上で、主観的に贈与税回避の目的があったとしても客観的な生活の実体が消滅するものではないとして、控訴審の判断を覆した。

　これに関して、最高裁（須藤裁判官の補足意見を含む）は、司法権の限界や一般的な法感情との乖離という観点から言及しているが、示唆に富む内容なので、判決の原文をぜひ参照されたい。

3 なお、控訴審は、杉並区の居宅への滞在、XのA社内での地位の重

要性、家財等を香港に移動していないことなども、Xが日本国内に住所を有していたとの判断の根拠にしているが、最高裁は、これらの事情が結論を覆すものではないことについてもそれぞれ言及している。この部分も参考になるので、参照されたい。

判決後の動向等

本判例中でも紹介されているが、その後、国外財産の贈与の際の贈与税回避を防止する目的で、立法的手当がなされた。しかし、本判例の反響が大きかったこと、考え方自体は将来の事案にも有用であることから、今回ご紹介した次第である。

租税回避スキームとそれに対する課税の可否は、しばしば問題となる。本件では「住所」の意義が問題となったが、他の事案でも、どの条文のどの文言の解釈の問題なのかを正確に見極めること、それにどのような事実関係を当てはめていけばよいかを慎重に検討することが求められる。

より詳しく学ぶための『参考文献』

- 判例タイムズ 1345 号 115 頁
- ジュリスト 1440 号 215 頁
- ジュリスト 1454 号 114 頁
- 租税判例百選（第 7 版）30 頁
- TAINS コード：Z261-11619

更正処分取消訴訟係属中の相続事件

最判平成 22 年 10 月 15 日（民集 64 巻 7 号 1764 頁）

概　要

Ｚが、Ｙ税務署長から所得税の更正処分を受けたので、Ｙ税務署長指摘の不足額をいったん納付した上、所得税の更正処分について訴訟（別件訴訟）で争っていたところ、別件訴訟係属中にＺが死亡し、相続人Ｘがｚを相続して別件訴訟も承継した。Ｘは、別件訴訟係属中に、Ｚの相続にかかる相続税の申告もした。なお、その際、下記の過納金の還付請求権は、Ｚの相続財産に含めなかった。

別件訴訟はＸの勝訴に終わり、これを受けて、Ｙ税務署長は、Ｘに対し、Ｚがいったん納付していた所得税の不足額を過納金として還付した。Ｘがこの過納金を一時所得として所得税の確定申告をしたところ、Ｙ税務署長は、過納金の還付請求権はＺの相続財産であったとして、相続税の更正処分をした。そこで、この更正処分の取消しを求めてＸが提訴したというのが、本件である。

最高裁は、過納金の還付請求権はＺの相続財産であったとして、Ｘの主張を認めなかった。

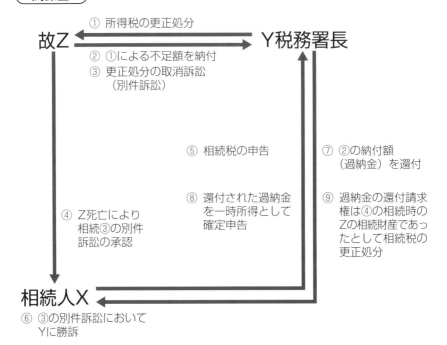

上記過納金の還付請求権は、被相続人の相続財産を構成するか。

上記過納金の還付請求権は、被相続人の相続財産を構成する（相続税の課税財産となる）。

1 一審は、相続開始時には、別件訴訟が係属中であり、いまだ過納金の還付請求権が発生していなかったことは明らかであるなどとして、Zの相続財産に過納金の還付請求権が含まれると解する余地はないと

判断した。

　これに対し、二審は、取消判決が確定したことによって、所得税の更正処分は当初からなかったことになるが、これは、訴訟係属中に相続があった場合でも変わりはないし、そのような効果が生じることを制限する特段の規定も存在しないなどとして、過納金の還付請求権はＺの相続財産に含まれると判断した。

2　そして、最高裁も、所得税の更正処分の取消判決が確定した場合には、当該処分は、処分時にさかのぼってその効力を失うから、当該処分に基づいて納付された所得税は、納付の時点から法律上の原因を欠いていたのであり、過納金の還付請求権も、納付の時点で既に発生していたこととなる、として、二審の結論を維持した。

3　処分の取消判決に遡及効があり、判決が確定すれば処分が当初からなかったことになるという原則論自体には、特に異論はないものと思われる。この原則論を貫けば、二審や最高裁のような結論となろう。

　これに対し、一審は、相続税法上の相続財産は、相続開始時において金銭に見積もることができる経済的価値のあるものに限られるとした上、過納金の発生時期は別件訴訟の確定判決の効力が生じた時である以上、過納金の還付請求権は相続財産に含まれないとし、その他にも取消判決の遡及効について一定の考察を加えているが、上記の原則論を覆す理論的根拠が明瞭に述べられているとまではいえないように思われる。

　紙面の都合上詳細のご紹介は控えるが、Ｘは、一審のような立場から、相当の理論的考察を加えており(注)、参考になる。しかし、結果的には、その主張も採用されていない。

4　なお、Ｙ税務署長の立場からは、過納金に対する還付加算金につい

(注)　上告受理申立理由書、判例タイムズ 1337 号 75 頁以下

ても、納付から相続開始までの分については、相続財産と扱うのが筋であるようにも思えるが、Y税務署長は、相続税の更正処分と併せて行ったZの所得税の減額更正処分において、全ての期間分の還付加算金を雑所得として課税した。この点に疑問を述べる見解も見受けられる。

判決後の動向等

相続人（X）の立場からすれば、相続が発生したのは所得税の更正処分の取消訴訟が係属している最中であり、過納金の還付請求権を相続財産に含めた上で相続申告をする発想にはなりにくく、そもそも相続財産と認識することも容易でないようにも思われる。

とはいえ、最高裁でこのような判例が出ている以上は、後日のトラブルを避けるため、相続に関する相談を受けた際には、係属している訴訟についてもよく聞き取り、相続財産の範囲を慎重に見極めなければならない。

より詳しく学ぶための『参考文献』

- 最高裁判所判例解説民事篇（平成 22 年度・下）636 頁
- 判例タイムズ 1337 号 73 頁
- 判例時報 2099 号 3 頁
- 租税判例百選〔第 7 版〕202 頁
- TAINS コード：Z260-11535

共同相続人の連帯納付義務事件

最判昭和 55 年 7 月 1 日（民集 34 巻 4 号 535 頁）

概　要

　被相続人Ａが死亡し、Ｘ・Ｂ・ＣがＡを相続して、所轄の税務署長（Ｙ´）に対し相続税の申告をした。しかし、Ｂ・Ｃが相続税を完納しなかったので、Ｙ´は、Ｘには連帯納付義務があるとして、Ｘの所有地の差押えをした。そこで、Ｘは当該所有地をＤ社に売却し、Ｄ社は、差押えにかかる未納相続税を代位弁済として納付した上、Ｘに対する求償権とＸに支払うべき売買代金債務とを相殺した。

　その上で、Ｘは、国（Ｙ）に対し、Ｘの連帯納付義務の確定には特別の手続が必要なのにこれが行われていないから、連帯納付義務は不存在であるなどと主張し、Ｄ社による納付金は過誤納金であるとして、返還請求を行ったというのが本件である。

　最高裁は、Ｘの主張を認めず、Ｄ社による納付金の返還はしなくてよいと判断した。

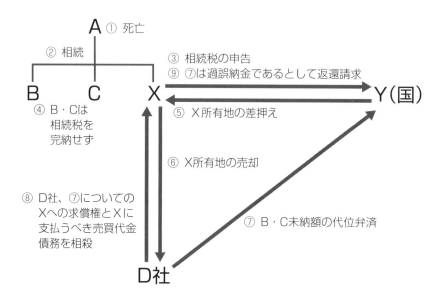

相続税法34条1項の連帯納付義務は、各相続人の固有の納税義務の確定に応じて法律上当然に確定するか、別に確定手続を必要とするか。

連帯納付義務の確定は、各相続人の固有の相続税の納税義務の確定という事実に照応して、法律上当然に生ずるものであり、格別の確定手続を必要としない。

1 一審は、特別の手続を要しないで納付すべき税額が確定する国税は法律に列挙されているが、連帯納付義務は挙げられておらず、連帯納付義務については税額を申告すべきものともされていないので、国税

236

通則法16条により、連帯納付義務の確定には賦課決定を要すると判断した。

2 これに対し、二審は、相続税法34条1項の規定は、相続税債務が確定した後における納付についての規定（徴収に関する規定）であり、連帯納付義務について本来の租税債務と別個に確定手続をとることを予想しているようには見えないし、相続税は被相続人の蓄積した財産に着目して課される租税であり、その責任にも相続の状況を踏まえた限度が設けられていて、あらためて確定手続をとらなくてもそれほど不当ではないなどとして、一審の判断を覆した。

3 最高裁も、連帯納付義務は、相続税徴収の確保を図るため、相互に各相続人に課した特別の責任であって、その義務履行の前提条件をなす連帯納付義務の確定は、各相続人の固有の相続税の納税義務の確定という事実に照応して、法律上当然に生ずるから、格別の確定手続を必要としない、と述べて、二審の結論を維持した。

　二審と異なり、判決理由はシンプルで、実質的な考察についてはあまり言及がなされていないが、伊藤裁判官は、補足意見において、「特別の手続を不要とするのは不意打ち的だ」という趣旨のXの主張に関し、連帯納付義務の確定の問題と徴収手続に関する問題を区別すべきであること、しかし、納税の告知を要しないとする立法態度は必ずしも賢明とはいえないこと、などを指摘している。

判決後の動向等

　本判決は、連帯納付義務は、最高裁の立場を初めて明らかにしたもので、重要な意義を有する。

　その後、平成24年度税制改正において、申告期限から5年を経過した場合等一定の場合に連帯納付義務が解除されることになった。本判決からは時間が経過しているが、本件の影響もあったものであろう。

より詳しく学ぶための『参考文献』

- 最高裁判所判例解説民事篇（昭和 55 年度）218 頁
- 判例タイムズ 426 号 88 頁
- 金融商事判例 610 号 20 頁
- ジュリスト 729 号 61 頁
- 租税判例百選〔第 7 版〕154 頁
- TAINS コード：Z999-7023

判例 **6-4**

意思無能力者の申告義務事件

最判平成 18 年 7 月 14 日（集民 220 号 855 頁）

概　　要

本件の概要は以下のとおりである。

まずAが死亡した。Aの死亡時、Aの妻Bは意思無能力であり、後見人もついていなかった。C・Yは、Aの遺産の分割について協議を行ったが、協議は成立しなかった。Cは、Bに代わって相続税の申告を行い（本件申告）、Bの分の相続税を納付した。なお、Yは、Cのかかる対応に同意してはいない。その後、Bが死亡し、さらにCが死亡した。Cの死亡により、XがCを相続した。

Xは、Cの対応はBについての事務管理に該当するものであり、YはBから法定相続分の割合で費用償還債務を相続しているとして、Yに対し、事務管理に基づく費用償還請求をした。

原審は、Cの対応は事務管理に該当しないとして費用償還請求を認めなかったが、最高裁は、相続税法の関連条文の解釈を示した上で、Cの対応が事務管理に該当しないとは言い切れないとして、原審を破棄し、本件を高裁に差し戻した。

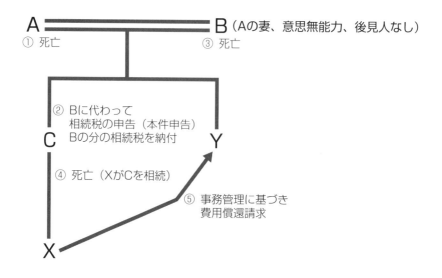

本件申告に基づく相続税の納付はBの利益に適うものであったか（本件申告時にBに相続税の申告書の提出義務が発生していたか）。

本件申告時において、Bに相続税の申告書の提出義務が発生していなかったということはできない。そうすると、所轄税務署長がBの税額を決定することもなかったとはいえない。したがって、本件申告に基づく相続税の納付も、Bの利益に適うものではなかったということもできない（そのため、費用償還請求も直ちに否定することはできない）。

１ まず前提として、民法上の概念について整理しておく。

意思無能力とは、行為の結果を弁識するに足るだけの精神能力がな

い状態をいい、意思無能力者は単独で法律行為を行うことができず、これを行っても無効となる（他方、例えば未成年者の法律行為は取り消し得るにとどまり、一応有効である）。

また、事務管理とは、法律上義務のない者が他人の事務を管理することであり、管理者は、その他人に対し、支出した有益費用の全額を償還するよう請求できる。

2 原審（二審）は、相続税法上（27条1項）、相続税の申告書の提出義務は相続開始があったことを知った日に発生すると解される一方、相続税法基本通達27-4（7）を踏まえれば、意思無能力者については、後見人が選任された日が、相続開始があったことを知った日に当たると解されるから、後見人のないBについては、相続税の申告書の提出義務が発生していなかったと判断した。また、税務署長も、Bについて相続税の決定をすることができなかったと判断した（相続税法35条2項1号は意思無能力者であるBには適用されないとした）。

かかる理論を前提に、原審は、本件申告はBの利益に適うものではなく、かえって、Bに納税義務を生じさせてしまう不利益なものであったとして、事務管理に基づく費用償還請求も認めなかった。

3 これに対し、最高裁は、

① 相続等により財産を取得した者について、納付すべき相続税額があるときに相続税の申告書の提出義務が発生することは当然の前提であって、相続税法27条1項は、その提出期限を定めたにすぎない規定である。意思無能力者であっても、納付すべき相続税額がある以上、後見人の有無にかかわらず、申告書の提出義務は発生していて、後見人がないときは、その提出期限が到来しないにすぎない

② 相続税法35条2項1号は、相続税の申告書の提出期限が相続人の認識に基づいて定まり、税務署長が把握するのは容易でない

のに、様々な期間制限に服さなければならないことを考慮し、一定期間経過後に相続税の決定をすることができる旨規定したものであり、相続税の申告書の提出期限とはかかわらない（後見人の有無、就任時期等にかかわらず相続税の決定をすることができる）

と指摘した上で、判決要旨のように判断し、事務管理の成否について更に審理を尽くさせるため、本件を原審に差し戻した。

4 なお、Xは、BC間には相続申告等についての委任契約が成立していたという主張を主位的な主張とし、事務管理の主張は予備的な主張としていたが、原審は、意思無能力であるBが委任契約を締結できたはずがないとの理由で、委任契約に基づく費用償還請求を棄却している。

判決後の動向等

本件では、課税庁の処分が直接的に争われたわけではないが、相続税法の解釈が問題となったこと、意思能力を欠く相続人がいることは珍しくなく、本件は相続税の申告実務において参考になると思われたことから、本件をご紹介することとした。

より詳しく学ぶための『参考文献』

- 判例タイムズ 1222 号 156 頁
- 判例タイムズ 1245 号 58 頁
- 判例時報 1946 号 45 頁
- 実践成年後見 49 号 109 頁
- TAINS コード：Z999–5089

判例 **6-5**

専ら相続税節税の目的でなされた
養子縁組事件

最判平成 29 年 1 月 31 日（民集 71 巻 1 号 48 頁）

概　要

　Aは、B（Aの長男）がAの自宅に連れてきた税理士から、Y（Bの長男）をAの養子にすれば、Aの相続につき相続税の節税効果がある旨の説明を受けた。その後、Aを養親としYを養子とする旨が記載された養子縁組届が提出された。

　そこで、X（Aの長女）は、上記養子縁組届による養子縁組は無効であると主張して、Yに対し、無効確認を求める訴訟を提起した。

　最高裁は、上記養子縁組が無効であるとはいえないと判断した。

関係図

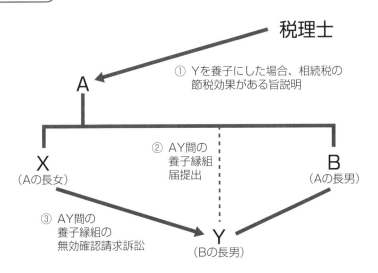

専ら相続税の節税のために養子縁組をした場合、民法802条1号の「当事者間に縁組をする意思がないとき」に該当するものとして無効となるか。

専ら相続税の節税のために養子縁組をした場合であっても、直ちに民法802条1号の「当事者間に縁組をする意思がないとき」に該当するということはできない（直ちに無効とはならない）。

1　一審は、養子縁組届がAによって作成されており、その後提出までにAが翻意したような事情も見当たらないとして、養子縁組が無効とはいえないと判断した。

これに対し二審は、養子縁組は、専ら相続税対策としてAの相続人の利益のためになされたものにすぎず、AやYにおいて親子関係を真実創設する意思を有していなかったことは明らかだとして、養子縁組は無効だと判断した。

2　最高裁は、これを受けて、専ら相続税の節税のために養子縁組がなされた場合に、養子縁組が無効となるか否かについて検討し、判断を行った。

そして、相続税の節税のために養子縁組をすることは、①相続税法の規定による節税効果を発生させることを動機としつつ、②養子縁組をするということであり、節税の動機を持ちつつ、真実養子縁組を行う意思を持つことも可能であるので、専ら節税が動機であったとしても、直ちに「当事者間に縁組をする意思がないとき」に該当するとはいえないと述べて、二審の採った論理を否定した。

その上で、本件の事情の下では、縁組をする意思がないことをうかがわせる事情が見当たらないから、結論として「当事者間に縁組をする意思がないとき」には該当しないとして、養子縁組が無効であるとはいえないと判断した。

なお、本件のような養子縁組の無効確認請求訴訟では、養子縁組の無効を主張する側が、縁組当事者に縁組意思がなかったことを立証しなければ、養子縁組が無効であるとの結論を得ることはできない。最高裁が、「養子縁組は有効」とは述べず、上記のような回りくどい表現をしているのは、そのためである。

3 学説上は、節税目的の養子縁組を否定する見解は少なく、本判決もこれに沿ったものといえよう。もっとも、最高裁判例としてはこれまで前例がなく、その意味で、実務上重要な意義のある判例といえるだろう。

判決後の動向等

本件により、専ら節税が動機であっても直ちに縁組意思がないとはいえないことが明らかになった。もっとも、節税の動機さえあれば縁組意思ありといえるわけでもないので、注意を要する。

また、具体的事例によっては、相続税の負担を不当に減少させる結果となると認められるものとして、相続人の数に算入した養子の数を否認される場合もあるので（相続税法63条）、この点についても慎重な検討を要する。

より詳しく学ぶための『参考文献』

- 判例タイムズ 1435 号 95 頁
- 判例時報 2332 号 13 頁
- 租税判例百選〔第 7 版〕34 頁
- TAINS コード：Z999-5372

歩道状空地事件

最判平成 29 年 2 月 28 日（民集 71 巻 2 号 296 頁）

概　要

　Xは、亡Aから一筆の宅地（土地上に共同住宅・幅員 2 メートルの歩道状空地あり）を相続した。その歩道状空地は、市道に接する形で整備され、外観上、車道脇の歩道として、共同住宅の居住者以外の第三者も利用することが可能となっている。

　Xは、歩道状空地は財産評価基本通達 24[注] の定める私道供用宅地であるとして、その価額を評価せずに、相続税の申告をした。その後、歩道状空地の価額を自用地の価額の 100 分の 30 に相当する価額として、修正申告をした。これに対し、所轄税務署長は、Xに対し、歩道状空地は私道供用宅地ではなく共同住宅の敷地として評価すべきであるとして、更正処分をした。Xがこれを争って出訴したのが本件である。

（注）　財産評価基本通達 24（私道の用に供されている宅地の評価）
　　　私道の用に供されている宅地の価額は、11《評価の方式》から 21-2《倍率方式による評価》までの定めにより計算した価額の 100 分の 30 に相当する価額によって評価する。この場合において、その私道が不特定多数の者の通行の用に供されているときは、その私道の価額は評価しない。

関係図

亡A

① 一筆の宅地を相続（土地上に、共同住宅・幅員２メートルの歩道状空地あり）

X ⟶ **Y（国）**

② 歩道上空地は私道供用宅地であるとして、その価額を評価せずに、相続税の申告
③ その価額を自用地の価額の100分の30に相当する価額として、修正申告

④ 歩道状空地は共同住宅の敷地として評価すべきであるとして、更正処分

争 点

　私道の用に供されている宅地の相続税に係る財産の評価における減額の要否及び程度の判断方法はどのようなものか。

判決要旨

　私道の用に供されている宅地の相続税に係る財産の評価における減額の要否及び程度は、私道としての利用に関する建築基準法等の法令上の制約の有無のみならず、当該宅地の位置関係、形状等や道路としての利用状況、これらを踏まえた道路以外の用途への転用の難易等に照らし、当該宅地の客観的交換価値に低下が認められるか否か、また、その低下がどの程度かを考慮して決定する必要がある。

評 釈

1　一審及び二審は、歩道状空地は、財産評価基本通達24の定める私道供用宅地に該当しないとして、Xの訴えを退けた。

その理由としては、概要次のようなことが指摘されていた。

私道には、例えば、①建物敷地の接道義務を満たすための道であって建築基準法上の道路とされるものもあるし、②宅地の所有者が事実上その宅地の一部を通路として一般の通行の用に供するものもある。①の場合には私道以外の用途に用いるのが困難であるのに対し、②の場合は、所有者が宅地の使用方法の選択肢の1つとして任意に一部を通路としているにすぎず、その利用に制約はない。①については私道供用宅地として評価を減額することに合理性があるが、②については私道を廃止して通常の宅地として利用することが所有者の意思によって可能である以上、通常の宅地と同様に評価するのが合理的である。そうすると、財産評価基本通達24の私道供用宅地とは、①のような制約があるものを指すと解するのが相当である。

本件の歩道状空地には、①のような制約はない。亡Aは、都市計画法に基づき土地上に共同住宅を建築するに当たり、市の開発行為指導要綱を踏まえた指導を受け、歩道部分を設けたものではあるが、当該指導を受け入れつつ開発行為を行うのが適切であると考えた上での選択の結果である。利用形態を変更すれば制約もなくなる。したがって、歩道状空地は②であり、財産評価基本通達24の私道供用宅地には該当しない。

2 これに対し、最高裁は、二審の判断には相続税法22条の解釈適用を誤った違法があるとして、原判決を破棄し、差し戻した。

私道の用に供されている宅地は、それが第三者の通行の用に供され、所有者が自由に使用、収益又は処分することに制約が存在することにより、客観的交換価値が低下する場合にも、そのような制約のない宅地と比較して、相続税に係る財産の評価において減額されるべきものといえる。そうすると、そのようなものとして減額されるべき場合を、建築基準法等の法令によって建築制限や私道の変更等の制限な

どの制約が課されている場合に限定する理由はない。減額の要否及び程度は、私道としての利用に関する建築基準法等の法令上の制約の有無のみならず、当該宅地の位置関係、形状等や道路としての利用状況、これらを踏まえた道路以外の用途への転用の難易等に照らし、当該宅地の客観的交換価値に低下が認められるか否か、また、その低下がどの程度かを考慮して決定する必要がある。

　本件の歩道状空地は、車道に沿って歩道としてインターロッキング舗装が施され、相応の面積がある上、共同住宅の居住者以外の第三者も自由に通行できる。また、歩道状空地は、共同住宅を建築する際、都市計画法所定の開発行為の許可を受けるために、市の指導要綱を踏まえた行政指導によって私道の用に供されるに至ったものであり、共同住宅が存する限りにおいて、道路以外の用途へは転用し難い。これらの事情に照らせば、開発行為が亡Aの選択の結果であるとしても、そのことから直ちに減額評価の必要がないということはできない。

判決後の動向等

　本判決は、私道の用に供されている宅地の相続税に係る財産の評価に関する判断を示した初めての最高裁判決とのことである。同種事案についてはもちろん、その判断手法は一般化し得るものといえ、相続税に係る財産評価全般につき参考となると思われる。他方、同種事案で私道供用宅地とされてこなかった案件も一定数あるのではないかとも思われ、そうであれば、本判決の影響は大きいといわざるを得ない。

　なお、国税庁は、これを受けて、同種事案においては財産評価基本通達24に基づき評価する旨公表した[注]。

（注）　国税庁「財産評価基本通達24《私道の用に供されている宅地の評価》における「歩道状空地」の用に供されている宅地の取扱いについて」
　　　 https://www.nta.go.jp/information/other/data/h29/takuchi/index.htm

より詳しく学ぶための『参考文献』

- 最高裁判所判例解説民事篇（平成 29 年度・上）143 頁
- 判例タイムズ 1436 号 79 頁
- ジュリスト 1508 号 10 頁
- ジュリスト 1510 号 98 頁
- ジュリスト 1518 号 205 頁
- TAINS コード：Z267-12984

7 消費税法

渡邉林産事件

最判平成 16 年 12 月 20 日 （集民 215 号 1005 頁）

概　要

　本件は、Y の職員が、X の税務調査の際、消費税法 30 条 7 項に規定する帳簿等の提示を求めたが、X が格別の理由なく拒み続けたのを受けて、Y 税務署長が、同条 1 項の仕入税額控除を認めない内容の消費税等の更正処分等をしたという事案であり、最高裁は、その取消を求めた X の請求を認めなかった。

関係図

① 税務調査・帳簿提出要求

X社 ② 帳簿提出の拒否 → Y税務署長

③ 更正処分等

争　点

消費税法 30 条 7 項に規定する帳簿及び請求書等の「保存」の意義。

事業者は、消費税法30条7項に規定する帳簿及び請求書等を整理し、税務調査の際に適時に提示することが可能なように態勢を整えて保存することを要し、これを行っていなかった場合には、原則として仕入税額控除を受けることはできない。

本件では、X社が帳簿及び請求書等を保管していたとしても、上記のような意味での保存があったとは認められないから、更正処分等に違法はない。

評　釈

1 　本件と同趣旨の判断は、最判平成16年12月16日（民集58巻9号2458頁）でもなされていたが、これと異なり、本件は、平成6年の消費税法30条7項の改正後の適用関係についての判断を含んでいた（改正前は「帳簿<u>又は</u>請求書等」の保存が必要であるとされていたが、改正後は「帳簿<u>及び</u>請求書等」の保存が必要であるとされることになった）。また、本判決に付された滝井裁判官の反対意見は、問題の所在を理解する上で参考になるものである。そこで、本件の方を紹介することとした。

2 　消費税法30条7項の「保存」という文言を重視すれば、①帳簿及び請求書等を現実に保存していることを指すと解するのが自然であろう。滝井裁判官も、この点を重視しつつ、提示拒否は罰則で規律すべきであって、提示がないことによって本来控除されるべきものが控除されないのは消費税制度の本来の趣旨に反すると述べている。

他方、②「保存」の義務には提示義務も当然に含まれるとする説は、申告納税制度の仕組み、趣旨、帳簿書類の保存義務に照らし、「保存」を実質的に解すべきとする考え方である。もっとも、そのような解釈は文言上困難であるとの批判もある。

　これに対し、最高裁は、③判決要旨記載のような、いわば第三説を採用した。これは、②の説の理論的難点を克服しつつ、実務上の必要性に配慮しようとした結果とも言えるだろう。筆者個人としては、①説に近い考え方であるが、当時の保存をどのように立証するのか、当時保存していたのに提示できなかった理由をどう説明し、納得してもらうのかという問題を考えると、実質的には、①説と③説の差異はさほど大きくないのかもしれない。

判決後の動向等

　消費税法30条7項の解釈については、本判決により一応決着したと評価できる。

　帳簿及び請求書等を完璧に揃えておき、いつでも提示できるようにしておくのが理想であるが、それが困難な場合もあるだろう。実際に本件のような処分に至るのは、提示要求を一定程度繰り返した後であることがほとんどであろうから（本件もそうであった）、提示要求がなされてからでも、きちんと整理することにより、処分を回避できることが多いであろうが、最低でも、判例の考え方だけは理解しておくべきであろう。

より詳しく学ぶための『参考文献』

- 判例タイムズ 1175 号 135 頁
- 判例タイムズ 1176 号 130 頁
- ジュリスト 1299 号 158 頁
- 最高裁判所判例解説民事篇（平成 16 年度・下）792 頁
- TAINS コード：Z254-9870

張江訴訟

最判平成 17 年 2 月 1 日（民集 59 巻 2 号 245 頁）

概　要

　本件当時は、課税売上高が 3,000 万円以下の事業者は、消費税の免税事業者とされていた。

　X 社は、ある課税期間（本件課税期間）において、4,225 万円を売り上げた。その 2 年前の年度（本件基準期間）における X 社の総売上高は 3,053 万円だったが、本件基準期間において免税事業者であったことを踏まえ、課税売上高は、当該総売上高の 103 分の 100（当時の消費税率は 3 パーセント）である 2,964 万円と考えるべきであるとして、本件課税期間について、消費税の申告と納付をしなかった。

　これに対し、Y 税務署長は、課税売上高は総売上高の 103 分の 100 にはならないとして、X 社に対し更正決定をした。X 社がこれを争ったのが本件である。

　最高裁は、課税売上高は総売上高の 103 分の 100 にはならないと判断して、X 社の主張を退けた。

関係図

③ 本件課税期間につき更正決定

X 社 ◀━━━━━━━━━━━━━━━━━━━ Y 税務署長

① 本件課税期間の総売上高 3,053 万円

② 本件課税期間において免税事業者に該当するものとして
本件課税期間につき消費税の申告・納付をせず

　基準期間において消費税の免税事業者であった者について、課税期間において消費税の免税事業者か否か判定する場合であっても、基準期間において免除される消費税相当額（本件においては総売上高の103分の3）を控除して判定すべきか。

　基準期間において消費税の免税事業者であった者について、課税期間において消費税の免税事業者か否か判定する場合、基準期間において免除される消費税相当額を控除せずに判定すべきである。

1　X社の主張の概要は、以下のようなものであった。

①　**控除の前提として、免税事業者にも、「課されるべき消費税に相当する額」を観念すべきである**

　　課税事業者と免税事業者を区別しない消費税法9条1項は、消費税を納める義務を「免除する」としている。そうであるならば、免税事業者も、いったん消費税を課され、その後これを納める義務を免除されるにすぎない。すなわち、免税事業者にも、「課されるべき消費税に相当する額」が存在する。

②　**免税事業者該当性を判定する消費税法9条も、課税事業者であるか免税事業者であるかを問わない計算方法を採用していると考えられる**

・消費税法9条1項の「事業者」は、課税事業者と免税事業者の双方を含んでいる。そして、これを受けた同法9条2項が借用する同法28条1項は、「課されるべき消費税に相当する額を含まないものとする」と規定する。したがって、基準期間において課税事

業者であったか免税事業者であったかを問わず、基準期間における売上高から消費税相当額を控除して、課税期間において免税事業者に該当するか否かを判定すべきである。

- 消費税法9条2項が引用する同法28条1項の「課されるべき消費税に相当する額」という文言は、「仮に課税事業者であったならば課されたであろう消費税相当額」と解釈するのが素直である。

③ 基準の明確性を重視すべきである

基準期間において免税事業者であったか課税事業者であったかにかかわらず、売上高から一定割合の額を控除して免税事業者該当性を判定するのが、基準として明確である。

2 これに対し、最高裁は、消費税の課税標準を定めた消費税法28条の趣旨に言及した上、高裁の判断を維持し、X社の主張を退けた。X社の上記主張に直接的に言及したわけではなかったが、高裁の判断を支持したものと思われる。

最高裁の指摘内容は、以下のとおりである。

消費税法28条1項の趣旨は、売上高の中には、取引の相手方に転嫁された消費税に相当するものが含まれるため、課税標準を定めるに当たり、これを控除するのが相当としたものである。したがって、これを転嫁すべき立場にない免税事業者については、消費税相当額を控除することを法が予定していない。そうであるとすれば、「課されるべき消費税に相当する額」とは、基準期間において現実的に課される消費税に相当する額をいい、免税事業者が免除される消費税に相当する額を含まない。

すなわち、基準期間において免税事業者であった事業者については、基準期間において免除される消費税相当額を観念し、これを控除する、ということをせずに（本件においては、総売上高の103分の3を控除せず、総売上高を課税売上高として）、課税期間における免税事業

者該当性を判定すべきである。

3 なお、最高裁が直接言及しなかった点について、高裁は以下のように述べている。

① 免税事業者にも「課されるべき消費税に相当する額」を観念すべきであるとの主張は、根拠に乏しい

消費税法9条1項は、「同法5条1項の規定にかかわらず」と規定し、原則的な規定である同法5条1項の適用をそもそも排除している。すなわち、同法9条1項は、いったん発生した納税義務を免税事業者につき消滅させる規定ではない。

② 消費税法9条の文言からは、課税事業者であるか免税事業者であるかを問わない計算方法を採用しているとは読み取れない

免税事業者の場合でも仮定の消費税額を控除するとの立法政策が採られたのであれば、そのことが法律の文言から分かるような条文となっているはずである。しかし、そのようにはなっていない。

③ 上記解釈によっても、基準が不明確ということはない

法の定める基準が不明確でないことは、これまでの解釈から明らかである。X社の主張の方が、法の定める課税売上高の基準を勝手に引き上げるものであり、法の明文を無視している。

4 X社が主張したような解釈が全く採り得ないとまでは言えないのではないかとも思われ、その意味では、基準の明確性という点で、疑問なしとまではいえないようにも思われるが、最高裁の指摘自体には、妥当性があるように感じられる。

判決後の動向等

本件の論点については、学説上、控除説と非控除説の両説が展開されていた。

本判決が非控除説の立場を示したことは、学説上の議論に決着を付け

た点で大きな意義があったといえる。また、消費税導入から間もない時期には、控除説によると思われる取扱いも散見されたようであるが、本判決により、実務上の取扱いも、非控除説で定着することになったといえるだろう。

　なお、X社は、上記の他にもいくつかの主張を展開しているので、ご興味があれば、下記の文献等を参考に、各自研究していただきたい。

より詳しく学ぶための『参考文献』

- 最高裁判所判例解説民事篇（平成 17 年度・上）116 頁
- 判例タイムズ 1039 号 133 頁
- 判例タイムズ 1176 号 126 頁
- ジュリスト 1303 号 144 頁
- 租税判例百選〔第 7 版〕176 頁
- TAINS コード：Z255-09919

8 国税徴収法

アルゼグループ事件

最判平成 18 年 1 月 19 日（民集 60 巻 1 号 65 頁）

概　要

　Xは、A社から株式の譲渡を受けた。ところが、その後A社は、B税務署長から法人税の決定処分等の課税処分（本件課税処分）を受けた。そして、C国税局長は、A社の滞納国税について、Xに対し、国税徴収法 39 条に基づく第二次納税義務の納付告知処分をした。

　Xは、本件課税処分に対する異議申立てをしたが、C国税局長は、不服申立て期間（本件課税処分のA社への送達の翌日から 2 ヶ月以内）が経過しているとして、これを却下した。

　そこで、Xは、これを不服として審査請求したが、国税不服審判所長（Y）は、異議申立ては申立て期間を徒過しており、前提たる異議申立てが不適法であるとして、審査請求を却下する裁決をした。そこで、Xは、この裁決の取消しを求めて提訴した。

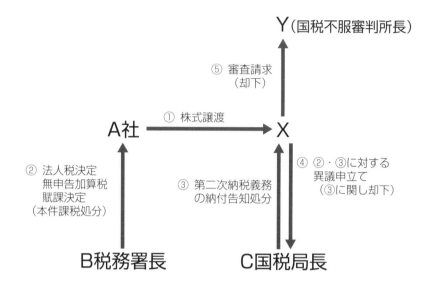

1 第二次納税義務者は、主たる課税処分につき不服申立てをする地位を有するか（不服申立適格があるか）。

2 不服申立適格があるとして、不服申立期間の起算日はいつか。

1 国税徴収法39条所定の第二次納税義務者は、主たる課税処分につき不服申立てをする地位を有する（控訴審は、これを否定していた）。

2 不服申立期間の起算日は、第二次納税義務者に対し納付告知がされた日の翌日である。

1 まず、最高裁は、<kbd>争点</kbd>**1**につき、第二次納税義務者は、主たる

課税処分により自己の権利等を侵害されるおそれがあるから、その取消しによってこれを回復すべき法律上の利益を有するなどとして、国税徴収法 39 条所定の第二次納税義務者は、主たる課税処分につき不服申立てをする地位を有すると判断した。

2 次に、最高裁は、◆**争点**▶**2**につき、主たる課税処分の時点では、第二次納税義務の成立要件が充足されるか未確定で、その段階で主たる課税処分の存在を知ったとしても、第二次納税義務者が、当該課税処分が自己の法律上の地位に変動を及ぼすかどうか認識し得ないのに、不服申立期間が進行するのはおかしいなどと指摘し、不服申立期間の起算日は、第二次納税義務者に対し納付告知がされた日の翌日であると判断した。

3 ◆**争点**▶**1**につき消極の立場を採った控訴審は、「第二次納税義務の納付告知は、主たる課税処分により確定した主たる納税義務の徴収手続上の一処分としての性格を有する」旨判示した最判昭和 50 年 8 月 27 日を引用の上、第二次納税義務者と本来の納税義務者が同一の立場に立つとして、第二次納税義務者の不服申立適格を否定した。

本判決は、この昭和 50 年の判例を変更したものではないが、両判例の関係について、理論的に整理する必要があるだろう。これに関しては、本判決に付された泉裁判官の意見も参考になる。

4 本件は、裁決取消請求という形で争われたが、告知処分の取消し・主たる課税処分の取消しという形での争い方もあり得る。その詳細については、各自ご検討いただきたい。

判決後の動向等

本判決の射程については、やや議論の余地が残る。

これに関して、本判決が、◆**争点**▶**1**において、①国税徴収法 39 条の場合、常に本来の納税義務者と一体性又は親近性のある関係にあると

いうことはできない、②本来の納税義務者は滞納者であり、不服があっても、時間や費用の負担をしてまで不服申立て等を行うとは限らず、第二次納税義務者の分まで十分に争ってくれることは期待できないなどと指摘している点、◀争点▶2において、国税徴収法 39 条の第二次納税義務者は取引相手であり、納付告知があるまでは不服申立ての適格があることを認識しがたいなどと指摘している点を踏まえると、本判決の射程が、第二次納税義務全般に及ぶとまではいえないようにも思われる。

　少なくとも、本判決が、国税徴収法 39 条の特性に触れつつ判断に及んだことは注目すべきで、他の条文に基づく第二次納税義務の納付告知の是非を検討する際にも参考になろう。

より詳しく学ぶための『参考文献』

- 判例タイムズ 1213 号 83 頁
- 最高裁判所判例解説民事篇（平成 18 年度・上）67 頁
- ジュリスト 1325 号 252 頁
- 租税判例百選〔第 7 版〕52 頁
- TAINS コード：Z256-10270

判例 **8-2**

遺産分割協議と第二次納税義務事件

最判平成 21 年 12 月 10 日（民集 63 巻 10 号 2516 頁）

概　要

　被相続人Aは、2億円分の財産を遺し死亡した。被相続人Aの相続人は、夫B、子X・Cの3名であった。なお、Bは、所得税等11億円を滞納していた。

　B・X・Cは遺産分割協議を行い、Xは遺産の6割以上に当たる1億3,000万円分の財産を取得した一方（法定相続分は4分の1）、Bは遺産の1割の2,000万円分の財産を取得した（法定相続分は2分の1）。

　Y国税局長は、当該遺産分割協議は、国税徴収法39条の第三者に利益を与える処分に当たるとして、Xに対し、Bの滞納国税につき第二次納税義務の納付告知処分をした。

　Xは、遺産分割協議には国税徴収法39条は適用されないなどと主張して争ったが、最高裁は、Xの主張を認めなかった。

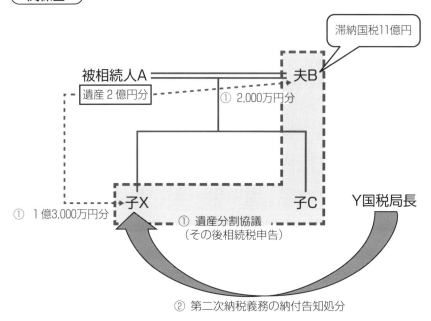

1 遺産分割協議は国税徴収法39条の「第三者に利益を与える処分」
に当たり得るか。

2 滞納者に詐害の意思があることは、国税徴収法39条の適用に当
たって必要な要件か。

1 遺産分割協議は国税徴収法39条の「第三者に利益を与える処分」
に当たり得る。

2 滞納者に詐害の意思があることは、国税徴収法39条の適用に当
たって必要な要件ではない。

評　釈

❶　Xの主張を要約すると、以下の3点であった。

①　遺産分割協議は身分行為であり、類似の法律関係である詐害行為取消権（民法424条）の対象ともすべきでないが（実際には、既に、遺産分割協議は詐害行為取消権の対象となり得るとの判例が存在していた[注]）、詐害行為取消権の行使の場合と異なり、訴えの形式による必要すらない国税徴収法39条の適用の場面では、適用の可否をより厳格に解すべきだから、遺産分割協議が「第三者に利益を与える処分」に当たると解することは到底できない。

②　類似の法律関係である詐害行為取消権では、詐害行為をした者に詐害の意思があることが要件とされている。そうであれば、適用の可否をより厳格に解すべき国税徴収法39条でも、詐害の意思が必要であり、Yはこれを主張立証しなければならない。しかし、Yからはその主張立証がない。

③　仮に遺産分割協議に国税徴収法39条の適用があり得るとしても、本件の事情からすれば、本件の遺産分割協議には適用されない。

　すなわち、Bは、自己破産をしても滞納国税につき免責されないので、Aの遺産を相続しても国税の支払に充てなければならず、結局Xらの扶養により生きていかなければならない。そうであれば、本件のような形で遺産分割し、できる限り、近隣に住むXの扶養を受けたいと考えるのも当然である。また、Xが相続した遺産は、Xが営む会社と密接な関係があり、Xが取得するのが自然で合理的である。

❷　しかし、一審から最高裁まで、いずれも、Xの主張を認めなかった。

（注）　最判平成11年6月11日（民集53巻5号898頁）

① 遺産分割協議が「第三者に利益を与える処分」に当たるか否かについて

最高裁は、遺産分割協議は、相続財産の帰属を確定させるものである以上、国税徴収法39条の「第三者に利益を与える処分」に当たり得ると判断した。

なお、遺産分割協議が財産権を目的とする法律行為としての性質を持つことについては、詐害行為取消権に関する前頁注の平成11年判決でも指摘があり、一審・二審はその点に触れている。

② 詐害の意思が要件となるか否かについて

最高裁は、国税徴収法39条の規定は詐害の意思を要件として求めておらず、詐害の意思は要件とはならないと判断した。

また、一審は、国税徴収法39条は、適用の時期・対象・効果を限定し、手続も異なるなど、詐害行為取消権とは法律的構成が異なることからして、詐害の意思を黙示的な要件とすべき理由は見いだせないとも指摘している。

なお、最高裁は、本件のBに詐害の意思があったことは明らかであるとも述べている。

③ 本件の遺産分割協議に国税徴収法39条を適用すべきか否かについて

この点については、最高裁は、本件の事実関係の下で国税徴収法39条の適用を認めた原審は正当として是認できると述べたのみであった。

なお、一審は、遺産分割協議の内容、Xが自認する背景事情からすると、Bの積極財産の減少の結果、Xに法定相続分を超える利益を与えたことになるというべきで、本件の遺産分割協議が「第三者に利益を与える処分」に当たり、国税徴収法39条を適用すべきことは明らかだと指摘した。このような認定になったことからする

と、Xの上記主張が逆効果になったとも考えられるが、他に有効な主張がなかったのならばやむを得なかったのかもしれない。

判決後の動向等

本件は、上記争点について初めて最高裁で判断がなされたものであり、その意味で実務的意義があったといえる。

遺産分割協議が詐害行為取消権の対象となり得ること、国税徴収法39条の適用の余地もあることをセットで理解しておくと、相続業務に携わる上で有効だろう。

より詳しく学ぶための『参考文献』

- 最高裁判所判例解説民事篇（平成21年度・下）929頁
- 判例タイムズ1315号76頁
- 別冊判例タイムズ32号322頁
- ジュリスト1422号149頁
- ジュリスト1423号98頁
- 租税判例百選〔第7版〕56頁
- TAINSコード：Z888-1487

差押処分と共有者の原告適格事件

最判平成 25 年 7 月 12 日（集民 244 号 43 頁）

概　要

　故Aには、妻X1、子X2及び子Bがいた。Aは、建物の敷地の全部
と、敷地上の建物の持分2分の1（残りの持分はX1）を有していた。A
が死亡し、Aが有する敷地全部と建物持分につき、X1、X2及びBは、
それぞれ法定相続分の割合で相続した（その結果、敷地については、X1
が2分の1、X2とBが各4分の1の持分を、建物については、X1が4分の
3、X2とBが各8分の1の持分を、それぞれ有することになった）。

　Bは、当該相続に係る相続税を、納付の期限の経過後も納付せず、滞
納を続けた。そのため、所轄の税務署長は、上記の敷地・建物のBの持
分を差し押さえた（本件差押処分）。そこで、X1・X2が本件差押処分の
取消しを求めて提訴したのが本件である。

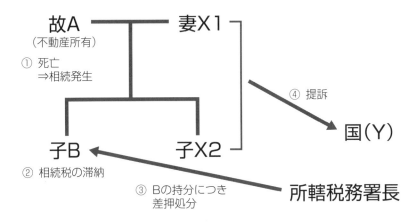

関係図

故A
（不動産所有）

妻X1

① 死亡
⇒相続発生

④ 提訴

国（Y）

子B

子X2

② 相続税の滞納

③ Bの持分につき
差押処分

所轄税務署長

争点

　不動産の共有者は、滞納者である他の共有者の持分に対する差押処分の取消訴訟についての原告適格を有するか。

判決要旨

　不動産の共有者は、滞納者である他の共有者の持分に対する差押処分の取消訴訟につき、原告適格を有する。

評釈

1　本件では、もともと、X1・X2の原告適格が争われていたわけではなかった。そのため、一審は、その点に触れないまま、本件差押処分の適法性について検討した。

　そして、Bが相続税を滞納したためにBの財産を差し押さえたもので、それ自体X1・X2の権利を侵害するものではないなどとして、本件差押処分を取り消す理由はないと判断した。

2 ところが、二審は、X1・X2の原告適格を問題とし、職権でその点について判断した。

そして、行政事件訴訟法9条1項にいう、原告適格を有する「法律上の利益を有する者」とは、「処分により自己の権利もしくは法律上保護された利益を侵害され、または必然的に侵害されるおそれのある者」をいうが、本件差押処分は、X1・X2の持分に対するものではなく、Bの持分に対するものだから、X1・X2は、「処分により自己の権利もしくは法律上保護された利益を侵害され、または必然的に侵害されるおそれのある者」とはいえない、などと指摘して、X1・X2には、そもそも、本件差押処分の取消訴訟を追行するだけの原告適格自体がない、と判断した（なお、二審も、上記解釈にも一定の例外があり得ることに言及はしたが、結論としては、X1・X2は、当該例外には該当しない、とした）。

そして、X1・X2の請求を棄却した第一審判決を取り消し、当該請求を却下した。

3 これに対し、最高裁は、二審と同様に、原告適格を有する「法律上の利益を有する者」とは、「処分により自己の権利もしくは法律上保護された利益を侵害され、または必然的に侵害されるおそれのある者」をいう、とする立場を採りながらも、処分の名宛人でなくとも、処分の法的効果により権利の制限を受ける場合には、「処分により自己の権利もしくは法律上保護された利益を侵害され、または必然的に侵害されるおそれのある者」に当たり、「法律上の利益を有する者」として、原告適格を有すると指摘した。

そのうえで、

- ある持分権者が滞納者として不動産の持分を差し押さえられた場合には、当該持分の譲渡や不動産についての用益権設定が禁止される結果、その持分権者の持分と使用収益上の不可分一体をなす

持分を有する他の共有者も、当該不動産についての用益権設定等につき制約を受けること

- 他の共有者は、差押処分の対象となった不動産につき使用収益権を有する第三者に該当するため、不動産の価値が著しく減耗する行為がされると認められる場合には、国税徴収法 69 条により、当該不動産の使用収益を制限されると考えられること

などからすると、他の共有者は、処分の名宛人でなくとも、「法律上の利益を有する者」として、原告適格を有すると述べ、X1・X2 についても、原告適格を認めた。

ただし、本件差押処分については、違法性は認められないとして、結果的には、本件差押処分の取消しは認めなかった。

判決後の動向等

最高裁の説示内容からすると、不動産の共有者であれば、同様の事例において常に原告適格が認められるように受け取れる。ただ、本件では、X1・X2 が、問題となった不動産に居住しており、原告適格が認められやすい状況にあった。

事例の少ない分野についての判断であり、今後の事例の集積を待つ必要はあるが、類似事例の参考になろう。

より詳しく学ぶための『参考文献』

- 判例タイムズ 1396 号 147 頁
- ジュリスト 1462 号 8 頁
- ジュリスト 1466 号 43 頁
- ジュリスト 1466 号 220 頁
- TAINS コード：Z 777–2533

集合債権譲渡担保と国税徴収法 24 条事件

最判平成 19 年 2 月 15 日（民集 61 巻 1 号 243 頁）

概　要

　B社は、A社のX社からの借入金につき連帯保証をし、これに伴い、B社がC社との継続的取引に基づいて取得する売掛代金債権（将来の債権を含む）について、X社のために債権譲渡担保を設定して、C社に対し、確定日付のある書面で設定通知をした。その後B社が手形不渡りを出したため、X社はC社に対し債権譲渡担保の実行通知をした。他方、Y（国）も、B社への滞納処分として、B社のC社に対する売掛債権を差し押さえた。C社が債権者不確知により供託したため、X社は、Y・B社を相手に供託金還付請求権を有することの確認を求める訴訟を提起し、最終的にこれは認容された。

　これを受けて、Yは、国税徴収法 24 条の規定に基づき、X社の還付請求権を差し押さえたので、X社が当該処分の取消しを求めて提訴したのが本件である。最高裁は、X社の主張を認め、当該差押処分を取り消した。

関係図

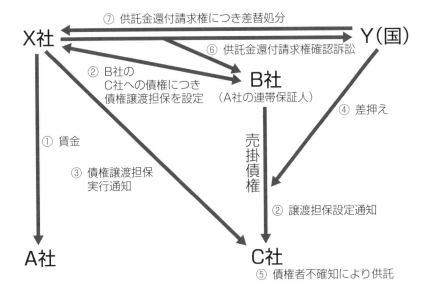

⑦ 供託金還付請求権につき差替処分

X社

⑥ 供託金還付請求権確認訴訟

Y（国）

② B社の
C社への債権につき
債権譲渡担保を設定

B社
（A社の連帯保証人）

④ 差押え

① 賃金

③ 債権譲渡担保
実行通知

売掛債権

② 譲渡担保設定通知

A社

C社
⑤ 債権者不確知により供託

争 点

　国税の法定納期限以前に、将来発生すべき債権を目的として譲渡担保契約が締結され、第三者に対する対抗要件が具備されていた場合、国税徴収法24条6項（現8項）は適用されるか。

判決要旨

　国税の法定納期限以前に、将来発生すべき債権を目的として譲渡担保契約が締結され、第三者に対する対抗要件が具備されていた場合であって、債権譲渡の効果の発生を留保する特段の約定もなかった場合には、国税徴収法24条6項（現8項）が適用される。

評 釈

1　本件以前の⑥供託金還付請求権確認訴訟では、B社のC社に対する

売掛債権のＸ社への移転時期・譲渡担保設定通知の効力などについて争われたが、最高裁は、譲渡担保設定時に目的債権は担保権者に確定的に譲渡される、集合債権譲渡担保についても債権譲渡通知が第三者対抗要件となる、などとして、Ｘ社に還付請求権があることを確認する旨の判決をした。

2 しかし、Ｙは、⑥供託金還付請求権確認訴訟の最高裁判決がなされた直後に、Ｘ社の還付請求権の一部につき差押処分をした。

国税徴収法24条１項は、納税者が国税を滞納した場合において、当該納税者が譲渡担保を設定していた場合には、当該納税者の財産につき滞納処分を執行してもなお徴収すべき国税に不足すると認められるときに限り、譲渡担保が設定された財産からも、当該納税者の滞納国税を徴収することができる旨定めている一方、同条６項（現８項）は、滞納国税の法定納期限以前に、対象財産が譲渡担保財産となっていたこと等が、譲渡担保とされた財産の売却決定の前日までに証明された場合には、同条第１項の規定は適用しないと定め、譲渡担保権者と国税徴収権者との間の調整を図っている。

そこで、Ｘ社は、Ｙに対し、⑤Ｃ社による供託の直後に、譲渡担保の設定を受けたのはＢ社の滞納国税の法定納期限以前である旨を説明する書面を提出していた。しかし、Ｙは、将来債権については、譲渡担保の目的債権が現実に発生した時に初めて譲渡担保財産となるから、同条６項（現８項）の適用の余地はないとの見解に基づき、差押処分を行ったものである。

3 この点、高裁は、Ｙと同様の見解に立ち、譲渡担保が設定された売掛債権のうち、将来債権部分については、債権発生時に譲渡担保財産となるもので、法定納期限以前に譲渡担保財産となっていたのではないから、同条６項（現８項）の証明がなされたとはいえず、差押処分に違法はない、と判断した。

4 これに対し、最高裁は、判例上、将来債権の譲渡契約は、譲渡の目的とされる債権が特定されている限り、原則として有効なものであるとされていること(注1)、将来債権を目的とする譲渡担保契約が締結された場合には、債権譲渡の効果の発生を留保する約定がない限り、目的債権は確定的に譲渡されており、債権が将来発生したときにも、譲渡担保権者は、特段の行為を要することなく、当然に、当該債権を担保の目的で取得できるとされ、さらに、指名債権譲渡の対抗要件の方法により第三者に対する対抗要件を具備することができるとされていること(注2)などを指摘した上で、同条6項（現8項）の解釈においては、国税の法定納期限以前に、将来債権を目的として、債権譲渡の効果の発生を留保する約定のない譲渡担保契約が締結され、第三者対抗要件も具備されていた場合には、譲渡担保の目的とされた将来債権が、国税の法定納期限到来後に発生したとしても、同条項が適用される、と判断した。

そして、X社からは必要な証明があったものと認め、Yによる差押処分を取り消した。

判決後の動向等

本件は、将来債権を目的とする譲渡担保に関し、国税徴収法24条6項（現8項）の適用関係につき判断した初めての事例であって、実務に大きな影響を与えた。

譲渡担保の設定内容次第で、国税債権の徴収ができない財産を広範囲に創出できてしまう点を問題視する見解もあるが、この点については必要に応じて立法的解決を図るべきだろう。

（注1）　最判平成11年1月29日
（注2）　最判平成13年11月22日

より詳しく学ぶための『参考文献』

- 最高裁判所判例解説民事篇（平成 19 年度・上）125 頁
- 判例タイムズ 1237 号 140 頁
- 金融・商事判例 1264 号 18 頁
- 租税判例百選〔第 5 版〕214 頁
- TAINS コード：Z999-7101

9 地方税

判例 **9-1**

未登記新築建物固定資産税等賦課事件

最判平成 26 年 9 月 25 日（民集 68 巻 7 号 722 頁）

概　要

　本件は、X が平成 21 年中に Y 市内に新築した建物（本件建物）につき、翌平成 22 年 1 月 1 日時点では、登記簿にも家屋補充課税台帳（登記されていない家屋で、固定資産税を課税することができるものについて、所要の事項を登録する台帳）にも X が所有者として登記又は登録されていなかったところ、Y 市長が、本件建物についての所要の事項を家屋補充課税台帳に登録した上、平成 22 年度の固定資産税等の賦課決定処分（本件処分）を行ったという事例について判断したものである。

　最高裁は、本件処分は適法であると判断した。

③ H22.12.1：H22度の
家屋補充課題台帳に
建築年月をH21.12.7
などとする所要事項
の登録

④ H22.12.1：H22度の
固定資産税等の賦課
決定処分

X ←――――――――――――――――→ Y市長

① H21.12.7
建物新築

② H22.10.8
①を登記原因とする表題登記

⑤ 異議申立て（棄却）

争点

　固定資産税等の賦課期日（本件では平成 22 年 1 月 1 日）において登記
簿又は家屋補充課税台帳に登記又は登録されていなかった建物が、賦課
決定処分時までに登記又は登録された場合、その際に賦課期日現在の所
有者として登記又は登録された X は、当該賦課期日に係る年度（本件で
は平成 22 年度）における固定資産税等の納税義務を負うか。

判決要旨

　X は、当該賦課期日に係る年度における固定資産税等の納税義務を負う。

評 釈

1　固定資産税（及び都市計画税）の納税義務者は固定資産の所有者で
　あり、当該年度の初日の属する年の 1 月 1 日現在の所有者が、当該年
　度の固定資産税等の納税義務を負う。そして、具体的な判定方法とし

て、土地又は家屋については、登記簿又は補充課税台帳に所有者として登記又は登録されている者に課税するという手法が採用されている。

しかし、本件建物については、平成22年1月1日の時点では、登記簿又は家屋補充課税台帳に登記又は登録されておらず、Xも、所有者として登記又は登録されていなかった。そこで、Xは、自らは納税義務者ではないとして争った。

2 一審は、平成22年1月1日現在本件建物が存在し、Xがその所有者だったことに争いはない以上、Xは納税義務を負うと判断した。これに対し、控訴審は、地方税法343条の「所有者」とは、同法の他の条文からして、常に私法上の所有者と同義とはいえず、登記又は登録されている者を指すというべきであるとして、Xは納税義務を負わないと判断した。

3 先行する最判昭和30年3月23日（民集9巻3号336頁）及び最判昭和47年1月25日（民集26巻1号1頁）は、

① 賦課期日の時点において固定資産の登記又は登録がされている場合に、所有者として登記又は登録されている者は、賦課期日の時点の真の所有者でなくても、当該賦課期日に係る年度における固定資産税等の納税義務を負う

② 真の所有者が登記又は登録された者と異なる場合の解決は、私法上の求償等に委ねられている

としており、要するに登記簿又は補充課税台帳の形式を重視する立場を採っていて、そうした立場からは、控訴審のような判断が導かれ得る。

しかし、最高裁は、控訴審と反対の結論を採った。

すなわち、最高裁は、賦課期日の時点で未登記かつ未登録の固定資産に関して、法が、当該賦課期日に係る年度中に不足税額が生じ得ることを前提とした規定を置き、また、後日の登録及び賦課を予定した規定も置いていることなどを指摘して、登記又は登録が賦課期日の時

点で必須というわけではなく、賦課決定時までに登記又は登録されれば、所有者は当該年度の固定資産税等の納税義務を負うとした。

　なお、先行する上記の各判例との整合性については、あまり詳細な言及はなく、賦課期日の時点で登記又は登録のある固定資産と、未登記かつ未登録の固定資産とでは事情が異なるということを示唆するにとどまっている。この点については、課税の都合を優先し整合性についての詳細な説明を避けたのではないか、との批判もあるかもしれない。しかし、控訴審の結論によると、表示登記を遅らせることによって固定資産税等を不当に免れることが可能となりかねないなどといった問題もある。

判決後の動向等

　本判決は、賦課期日の時点で未登記かつ未登録の固定資産に係る固定資産税等の納税義務につき、最高裁が初めて判断したもののようである。

　本文中に紹介した2判例の判断は有名であり、これを敷衍して控訴審のような判断を導いてしまうことも十分に考えられるが、未登記かつ未登録の固定資産の場合、本判例のとおり、一見すると当該2判例とは異なる結論となることが示された。そのため、注意喚起の意味を込めて、本判例を紹介した次第である。

より詳しく学ぶための『参考文献』

- 判例タイムズ 1409 号 110 頁
- 判例時報 2244 号 3 頁
- ジュリスト 1480 号 10 頁
- ジュリスト 1485 号 97 頁
- TAINS コード：Z999–8335

判例 9-2

宅地並み課税事件

最判平成 13 年 3 月 28 日（民集 55 巻 2 号 611 頁）

概　要

　Xは、市街化区域内に所有する農地を、農業委員会が定めた小作料にて、小作農Yに賃貸していた。ところが、地方税法の改正により、当該農地が宅地並み課税の対象となった。これにより、固定資産税等の額が小作料を大きく上回るようになってしまった。

　そこで、Xは、Yに対し、生産緑地指定を受けることについての同意を求めたが、Yはこれに同意しなかった。そこで、Xは、Yに対し、小作料増額の意思表示をした上、賃料の増額についての確認を求める訴訟を提起した。

　しかし、最高裁は、Xの請求を認めなかった。

関係図

② 小作料の支払
　（農業委員会が定めた標準額）
⑤ ④に同意せず

X  小作農Y

① 農地の賃貸
④ 生産緑地指定につき同意を求める
⑥ 小作料増額の意思表示
⑦ 賃料増額確認請求訴訟の提起

③ 地方税法の改正により
　宅地並み課税の対象に
➡ 固定資産税等の額が
　小作料を大きく上回る

小作地に対する宅地並み課税により固定資産税等の額が増加したことを理由として小作料の増額請求をすることができるか。

判決要旨

小作地に対する宅地並み課税により固定資産税等の額が増加したことを理由としては、小作料の増額請求をすることはできない。

評 釈

1 一審は、旧農地法23条（現20条、以下同じ）1項は、耕作者の地位ないし経営の安定を図るため、小作料の額は、主として農地の通常の収益を基準として定められるべきものであり、単に当該農地の公租公課が増額されたからといって、それのみを理由として直ちに小作料を増額しうるものとは認めていないとして、Xの請求を認めなかった。

2 これに対し、二審は、小作地の通常の収益以外の要素を一切斟酌できないわけではなく、固定資産税等の増加が、上記条項にいう「その他の経済事情の変動」に該当する場合がある、とした上で、本件では、Yが、生産緑地指定を受けても何ら不利益を被らないのに、指定されれば将来の離作補償において不利になるとの思惑からこれに同意しなかった事情を考えると、信義、公平の原則から、小作料の増額を認めるべきであるとして、固定資産税等の額と同額の限度で、Xの請求を認めた。

3 最高裁は、以下のように述べて、二審を破棄し、一審と同様、Xの請求を認めなかった。

① 旧農地法23条1項は、「小作料の額が農産物の価格若しくは生産費の上昇若しくは低下その他の経済事情の変動により又は近傍類似の農地の小作料の額に比較して不相当となったとき」に、小作料の

額の増減を請求することができるとし、小作地に対する公租公課の増減を、小作料の額の増減事由として認めていない。その他の農地法の規定も、小作料の増減に関し、耕作者の地位の安定を主眼に置いている。

② 他方、宅地並み課税は、市街化区域農地の価格が周辺の宅地並みに騰貴したことに着目して導入されたものであるから、宅地並み課税の税負担は、値上がり益を享受している農地所有者が、資産維持の経費として担うべきである。

③ 農地所有者が宅地並み課税による税負担を小作料に転嫁することができないとすると、不利益を受けることになるようにも思える。

しかし、上記の不利益は、当該農地の賃貸借契約を解約し、これを宅地に転用した上、宅地として利用して相応の収益を挙げることなどによって解消できる。

他方、宅地並み課税の税負担を小作料に転嫁した場合には、小作農はその負担を解消できず、離農を余儀なくされたり、小作料不払により契約を解除されたりする事態を引き起こしかねない。

④ したがって、小作地に対して宅地並み課税がされたことによって固定資産税等の額が増加したことは、旧農地法 23 条 1 項に規定する「経済事情の変動」には該当せず、それを理由として小作料の増額を請求することはできない。

⑤ なお、Y は、生産緑地指定に同意しなかったが、同意の義務はないし、農地として管理する義務を負うのは小作人で、生産緑地における農業経営は原則として 30 年間継続することが予定されているのであるから、同意をするかどうかは各自の生活設計にわたる事柄であり、小作人の意向が尊重されるべきである。

したがって、Y が同意しなかったことをもって、信義、公平に反するとはいえず、これを理由に小作料の増額を認めることもできない。

　本判決は、下級審で見解が分かれていた問題に決着を付け、また、従前の小法廷判決を変更したものであり、理論上も実務上も重要な意義のある判例であると言われている。

　なお、本判決は裁判官９名の多数意見によるもので、大きく分けて２種類の反対意見が付されている。理論的な面や実務的な面から検討がなされていて、それぞれ参考になるので、多数意見と比較しつつ、各自研究されたい。

より詳しく学ぶための『参考文献』

- 最高裁判所判例解説民事篇（平成 13 年度・上）383 頁
- 判例タイムズ 1058 号 74 頁
- 判例タイムズ臨時増刊 1096 号 70 頁
- ジュリスト 1220 号 103 頁
- 租税判例百選〔第 5 版〕172 頁
- TAINS コード：Z999–5256

判例 9-3

自動車税減免申請事件

最判平成 22 年 7 月 6 日（集民 234 号 181 頁）

概　要

　Xは、右翼団体幹部を名乗るAから脅迫を受け、自動車を購入して、購入した自動車をAに引き渡した。その後、Xは、Aに対して自動車の返還を求める訴訟を提起して勝訴したが、これに基づく動産執行は不能により終了してしまった。他方、Xには、自動車税を賦課される地位が残ったままとなった。

　そこで、Xは、Y県の県税事務所長に対し、自動車を占有しておらず、所在も不明であることなどを理由として自動車税の減免申請をした。しかし、県税事務所長は、当該申請に対し却下処分をした。そのため、Xが当該却下処分の取消しを求めて出訴したのが本件である。

　最高裁は、Xの主張を認めなかった。

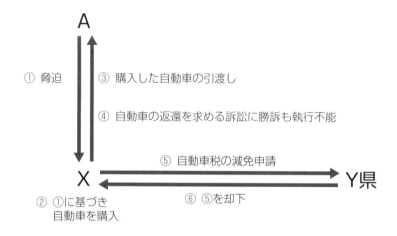

　本件の事情により自動車を利用し得ないという損害を被ったことは、県税条例における自動車税の減免要件である「天災その他特別の事情」による被害に該当するか。

　本件の事情により自動車を利用し得ないという損害を被ったことは、県税条例における自動車税の減免要件である「天災その他特別の事情」による被害に該当しない。

1　旧地方税法 162 条（現 177 条の 17）は、「道府県知事は、天災その他特別の事情がある場合において自動車税の減免を必要とすると認める者に限り、当該道府県の条例の定めるところにより、自動車税を減免することができる。」と定めていた。そして、これを受けて、Y 県

の県税条例 72 条は「知事は、天災その他特別の事情により被害を受けた者のうち、必要があると認めるものに対し、自動車税を減免することができる。」と定めていた。

本件では、この県税条例 72 条に該当するかが問題となった。

2　一審はＸの請求を棄却したが、二審は、Ｘはできるだけの努力をした、減免が認められる盗難の場合とさほど変わりはない、などと述べて、Ｘの主張を認め、自動車税の減免申請の却下処分を取り消した。

3　最高裁は、まず前提として、いわゆる合法性の原則の観点から、課税の減免は、法律又はこれに基づく命令若しくは条例に明確な根拠があって初めて行うことができると指摘した。

そして、県税条例 72 条は旧地方税法 162 条（現 177 条の 17）と同様の観点から自動車税の減免を認める趣旨のものであるとして、地方税法の他の条文の要件との比較を可能としつつ、徴収の猶予を規定する地方税法 15 条 1 項 1 号と比較して論じた。

具体的には、自動車税の減免は、徴収の猶予よりも、徴税への影響が大きいことを踏まえ、自動車税の減免は、徴収の猶予よりも、その要件を厳格に解すべきだとした上で、徴収の猶予を規定する地方税法 15 条 1 項 1 号が、「震災、風水害、火災その他の災害」及び「盗難」という、いずれも納税者の意思に基づかないことが客観的に明らかな事由によって担税力が減少又は消滅した場合のみを要件としているから、自動車税の減免における「天災その他特別の事情」も、少なくともこれと同様に、納税者の意思に基づかないことが客観的に明らかな事由によって担税力を減少させる事情のみを指すと解するべきである、とした。

そして、損害の回復のためにできる限りの方策を講じたことは、自動車税の減免の必要性の判断とは関係があっても、上記事情の判断とは直接関係ないし、Ｘは、脅迫された結果とはいえ、自らの意思で自

動車を引き渡したのであるから、納税者の意思に基づかないことが客観的に明らかな事由によって担税力を減少させる事情があったともいえず、したがって、「天災その他特別の事情」による被害があったとはいえない、と判断した。

判決後の動向等

最高裁の論理構成にやや疑問を呈する論評もあるが、結論の妥当性については概ね支持されているようである。事例の少ない地方税の分野においては、本件のような解釈の方法は参考になろう。

より詳しく学ぶための『参考文献』

- 判例タイムズ 1331 号 68 頁
- ジュリスト 1411 号 108 頁
- ジュリスト 1438 号 118 頁
- 租税判例百選〔第 7 版〕14 頁
- TAINS コード： Z 999–8272

10 租税手続法

荒川民商事件

最決昭和 48 年 7 月 10 日（刑集 27 巻 7 号 1205 頁）

概　要

　Xはプレス加工業を営む個人であり、ある年分の所得税の確定申告書をY´税務署長に提出していた。しかし、Y´税務署は、これについて過少申告の疑いがあり、税務調査の必要があると考えた。そのため、税務調査の目的で、3回にわたり職員を派遣したが、Xと押し問答になり、目的を遂げることができなかった。

　そこで、職員は、さらに数日後にXを訪問し、質問検査権に基づく調査をすること、応じないと刑罰に触れることをXに告げて、調査に応じるよう要求したが、Xはこれを拒否した。後日、Y検察官は、この日の不答弁・検査拒否は、所得税法旧234条1項に違反しており、よって同法旧242条8号の罪に該当するとして、Xを起訴した。

　Xは、該当の条文に規定された犯罪構成要件が不明確であり、憲法31条で保障された適正手続に反するなどとして争ったが、最高裁は、Xに有罪判決を言い渡した二審の判断を支持した。

① 税務調査の目的で3回にわたり訪問
　 するも目的を遂げられず
② 質問検査権に基づく調査をすること、
　 応じないと刑罰に触れることを告げ
　 て調査に応じるよう要求

X ← → Y´税務署職員

③ ②を拒否

④ 所得税法違反の罪で起訴

Y検察官

　質問検査権について規定した所得税法旧234条1項は、犯罪構成要件
の規定として明確性を欠くか。

　質問検査権について規定した所得税法旧234条1項は、犯罪構成要件
の規定として、何ら明確性を欠くものではない。

1　所得税法旧242条8号の犯罪構成要件は、同法旧234条1項の規定
による税務署等の当該職員の質問に対して答弁せず若しくは偽りの答
弁をし、又は同項の規定による検査を拒み、妨げ若しくは忌避するこ
とである。

　また、所得税法旧234条1項は、税務署等の当該職員は、所得税に
関する調査について必要があるときは、「納税義務がある者、納税義
務があると認められる者」(同項1号)に質問し、又はその者の事業に関

する帳簿書類その他の物件を検査することができると規定している。

2 これについて一審は、「所得税法旧242条8号の罪は、その質問等について合理的な必要性が認められるばかりでなく、その不答弁等を処罰の対象とすることが不合理といえないような特段の事情が認められる場合にのみ、成立する」として、同条違反の罪が成立する範囲を狭く解した上、Xを無罪とした。

これに対し二審は、「質問、検査要求が不当である場合を含めて、納税義務者等のこれに対する不答弁ないし拒否が社会通念上やむをえないものとして是認されるような場合」に同条違反の罪の成立を否定すべき、として、成立範囲につき一審より広く解した上、Xについては、検査拒否を正当視すべき事情はないし、一審の基準における特段の事情に相当すると思われる事情すら認められる、として、Xを罰金3万円に処した。

3 一審・二審は、程度の差はあれ、所得税法旧242条8号の罪の成立要件を限定的に解する限りで合憲であるとの前提に立った。しかし、最高裁は、そのような限定を付さずに、所得税法旧242条8号の罪の成立要件は明確を欠くものではなく、憲法31条に違反しない、と結論付けた。

これについて、最高裁は、具体的には、次のような理由を付している。

- 所得税を最終的に賦課徴収する過程では、更正・決定以外にも、様々な処分がなされることが予定されており、そのための事実認定と判断が要求される。そのために必要な範囲内で職権による調査が行われることは、法が当然に許容している。

- 所得税法旧234条1項の規定は、調査権限を有する職員において、調査の目的、調査すべき事項、申請、申告の体裁内容、帳簿等の記入保存状況、相手方の事業の形態等諸般の具体的事情にかんがみ、客観的な必要性があると判断される場合には、職権調査

の一方法として、同項各号規定の者に質問し、又は、その事業に関する帳簿、書類等の検査を行う権限を認めた趣旨である。

- この場合の質問検査の範囲、程度、時期、場所等実定法上特段の定めのない実施の細目については、質問検査の必要があり、かつ、これと相手方の私的利益との衡量において社会通念上相当な限度にとどまるかぎり、権限ある税務職員の合理的な選択に委ねられている。

最高裁は、このような前提に立ちつつ、Xを有罪とした二審の判断を支持した。

判決後の動向等

当時は類似の案件が絶えず、下級審裁判例の解釈も分かれていた。本件に先行する川崎民商事件[注]でも類似の点が争われ、最高裁は、憲法31条違反はない旨判断していたが、質問検査権に対する一般的な解釈は示されなかった。そうした中、最高裁が、本件において詳細な判断を示したことには、重要な意義がある。

その後の事例や裁判例の集積を経て、現在では、国税通則法74条の2以下において、税務調査手続についての条文が整備された。これについては、各自、条文や後記文献などで知識を整理されたい。

なお、本件では、上記の点以外にも様々な争点について論じられているので、これについても各自研究されたい。

（注）　最判昭和47年11月22日（刑集26巻9号554頁）

より詳しく学ぶための『参考文献』

- 最高裁判所判例解説刑事篇（昭和 48 年度）99 頁
- 判例タイムズ 298 号 114 頁
- ジュリスト 565 号 38 頁
- 論究ジュリスト 3 号 47 頁
- 租税判例百選〔第 7 版〕217 頁
- 行政判例百選〔第 3 版〕214 頁
- 行政判例百選〔第 7 版〕210 頁
- TAINS コード：Z999–9004

砂利採取業者事件

最決平成 16 年 1 月 20 日（刑集 58 巻 1 号 26 頁）

概　要

　砂利採取業者 X 社は、売上除外等の方法により多額の法人税を逋脱していた。これにつき、国税局査察部は内偵調査を開始していたが、これを察知した X 社は、税理士を通じ、管轄の税務署に対し、事情を説明して修正申告の可否等について相談した。これを受けて、税務署は税務調査を実施することとし、当該税理士を通じてその旨通知した上でこれを実施して、X 社から関係資料を預かった。税務調査後、担当の統括調査官は、国税局査察部に対し、税務調査の実施を連絡した上で、一部資料を FAX 送付した。その後、国税局査察部は、当初予定していた強制捜査を繰り上げて実施した。

　X 社は逋脱罪で起訴された。X 社は、税務調査のための質問検査権が犯則調査のための手段として利用されているから、質問検査権の行使は旧法人税法 156 条に反して違法であり、これによって獲得された証拠等は違法収集証拠として証拠能力を欠くので、その結果 X 社は無罪となる旨主張した。しかし、最高裁は、当該主張を認めなかった。

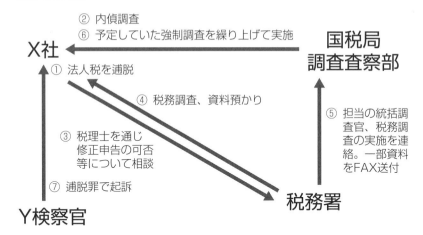

関係図

② 内偵調査
⑥ 予定していた強制調査を繰り上げて実施

X社 ← 国税局
調査査察部

① 法人税を逋脱

④ 税務調査、資料預かり

③ 税理士を通じ
修正申告の可否
等について相談

⑤ 担当の統括調
査官、税務調
査の実施を連
絡。一部資料
をFAX送付

⑦ 逋脱罪で起訴

Y検察官

税務署

争点

　法人税法上の質問検査権の行使により収集された証拠資料が、後の犯則事件の証拠として利用された場合、当該質問検査権の行使は、旧法人税法156条に違反することとなるか。

判決要旨

　質問検査権の行使により収集される証拠資料が後に犯則事件の証拠として利用されることを想定できたとしても、そのことによって直ちに、質問検査権の行使が旧法人税法156条に違反することにはならない。

評釈

1　旧法人税法156条は、質問検査権は犯罪調査のために認められたものと解してはならない旨定めていた。

　これを踏まえ、X社は、本件では税務調査のための質問検査権が犯則調査のための手段として利用されているから、当該質問検査権の行

使は違法である旨主張した。

2 一審は、証人となった税務署員の各供述（犯則調査に協力しようという意図はなかった、という供述を含む）は自然かつ合理的でいずれも信用できるなどとした上で、税務調査の名を借りて犯則調査のための証拠資料の収集が行われたとは認められないとして、X社の主張を排斥し、逋脱罪の成立を認めた。

3 これに対し、二審は、税務署員の供述の一部を疑問視し、税務署による税務調査は、調査査察部が税務署に対し証拠資料を保全する手段を講じるように依頼し、税務署がこれに応じたか、税務署が、調査査察部の意向を慮り、その犯則調査に協力する意図の下、証拠資料の保全を図るために税務調査を行ったかのいずれかである可能性を排除できないと指摘した。そして、質問検査権を犯則調査の手段として行使したものと一面で評することができるから、質問検査権の行使自体は旧法人税法156条に違反すると考えるよりない、と述べた。

　もっとも、税務署の質問検査に対するX社の供述等の任意性や質問検査の態様等からして、黙秘権の侵害や令状主義の潜脱はなく、また、調査査察部は既に内偵調査を進めていて、税務署の税務調査は犯則調査の端緒にもなっていないことなどから、旧法人税法156条違反の度合いは小さく、他方で、本件の逋脱事案としての重大性も考慮すると、その後得られた証拠資料の証拠能力も否定されないとして、逋脱罪の成立を認めた一審の結論自体は支持した。

4 しかし、最高裁は、質問検査権の行使自体は旧法人税法156条に違反するとした点をさらに覆した。

　最高裁は、質問検査権を犯則事件の調査・捜査の手段として行使することは許されないと指摘しつつ、質問検査権の行使により収集される証拠資料が後に犯則事件の証拠として利用されることを想定できたとしても、そのことによって直ちに、質問検査権が犯則事件の調査・

捜査の手段として行使されたことにはならず、旧法人税法156条に違反することにもならない、と述べた。

そして、本件においても、質問検査権が犯則事件の調査・捜査の手段として行使されたものとみるべき根拠が見当たらないから、二審の判断のうち、旧法人税法156条違反があるとした点は是認できないとした。

判決後の動向等

質問検査権を犯則事件の調査・捜査の手段として行使することは、犯則事件の調査・捜査に課された令状主義等の規制を潜脱するものであり、許されない。しかし一方で、税務調査において収集された証拠資料を犯則事件において一切利用できないとするのも行き過ぎであるようにも思われる。

本件も、税務調査において収集された証拠資料を犯則事件の証拠とすることは一律に禁止されるわけではない、という前提に立っているように思われる。もっとも、その限界がどこにあるかについて明言したとまではいえないように思われるため、今後の議論と事案の集積を注視したいところである。

より詳しく学ぶための『参考文献』

- 最高裁判所判例解説刑事篇（平成16年度）35頁
- 判例タイムズ1144号167頁
- 判例タイムズ1221号15頁
- ジュリスト1268号212頁
- ジュリスト1291号199頁
- 租税判例百選〔第7版〕242頁
- 行政判例百選〔第7版〕212頁
- TAINSコード：Z999-9041

判例 11-1

遡及立法事件

最判平成 23 年 9 月 22 日（民集 65 巻 6 号 2756 頁）

概　要

　長期譲渡所得について損失がある場合に損益通算を認めていた規定が廃止された際（租税特別措置法 31 条の改正）、改正後の規定は、法律の施行日（平成 16 年 4 月 1 日）以降でなく、年初以降の譲渡に適用されることとなった（改正法の附則 27 条 1 項）。

　本件は、平成 16 年 1 月 1 日から上記法律の施行日までの間に長期譲渡を行った X が、損益通算を認めないのは納税者に不利な遡及立法であり憲法 84 条に違反するなどと主張して争った事案である。

　結論として、最高裁は、X の主張を認めなかった。

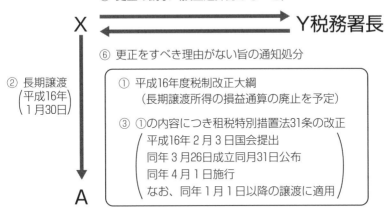

④ 平成16年分の所得税の確定申告（損益通算せず）
⑤ 更正の請求（損益通算認めるべき）

X ⟶ Y税務署長

⑥ 更正をすべき理由がない旨の通知処分

② 長期譲渡
（平成16年
1月30日）

A

① 平成16年度税制改正大綱
　（長期譲渡所得の損益通算の廃止を予定）
③ ①の内容につき租税特別措置法31条の改正
　平成16年2月3日国会提出
　同年3月26日成立同月31日公布
　同年4月1日施行
　なお、同年1月1日以降の譲渡に適用

争点

　損益通算の廃止の適用を平成16年1月1日からとした改正租税特別措置法の附則の規定は、憲法84条の租税法律主義の趣旨に反するか。

判決要旨

　上記附則の規定は、憲法84条の趣旨に反しない（下級審も同様の判断）。

評釈

1 本件では、まず、所得税の納税義務の発生が年度終了時であることとの関係で、租税法律主義から導かれる遡及立法禁止の原則が及ぶのかが問題となったが（高裁は、「改正法施行時には、平成16年分の所得税の納税義務がまだ発生していないから、改正法は納税義務の事後的変更とはならず、厳密な意味では遡及立法ではない」との趣旨のことを指摘し、

後の緩やかな違憲審査基準につなげていた）、最高裁は、予測可能性、法的安定性の観点から、これが及ぶものと解した。

2 次に、最高裁は、これを前提として、いかなる場合に遡及立法禁止の例外が許容されるかについて論じた。

そして、これについて、財産権の内容の変更の場合と同様であるとして、その場合と同様の基準[注]で合憲性を判断すべきであるとした。具体的には、

① 侵害される利益の性質

② 利益の内容を変更する程度

③ 利益を変更することによって保護される公益の性質

などの諸事情を総合的に勘案した上で、本件の法改正の法的安定への影響が納税者の租税法規上の地位に対する合理的な制約として容認されるべきものかどうかという観点から判断するのが相当であるとした。

こうした違憲審査基準は、厳格というよりは、やや緩やかなものであり、最高裁が、租税立法についての政策的専門的判断を一定程度尊重したものと解釈することができよう。最高裁が上記の基準を採用したことは、理論面でも重要な意義を有すると評されている。

3 果たして、最高裁は、課税における不均衡の解消、不動産価格の下落の進行に対する歯止めといった立法目的を重視し、それらの点に言及している。また、この不動産価格の下落への懸念に関して、税制改正大綱が発表された後の動向（駆け込み売却の動き）についても触れ、法改正の年初からの適用は具体的な公益上の要請に基づくものであったとした。

そして、最高裁は、法的安定への影響について、法改正により事後的に変更されるのは納税者の納税義務それ自体ではなく、損益通算をして租税負担の軽減を図ることを期待し得る地位にとどまること、この期待に沿った結果が実際に生ずるか否かは、暦年当初に近い本件で

は不確定であることなども指摘し、結論として、法改正（附則の規定）は合理的な制約として容認されるとした。

判決後の動向等

最高裁は、予測可能性や法的安定性の観点にも言及したものの、それらを重視して厳格な違憲審査基準を採用するというより、上記のとおり、やや緩やかな違憲審査基準を採用した。今後の同種の問題において、立法・経済活動等に与える影響は大きいといえるだろう。

ただ、このことは、最高裁が予測可能性や法的安定性を軽視しているということを意味するものではない（高裁の判断と比べても、これらの点への配慮が窺える）。本件と時期を同じくして出された最判平成23年9月30日（集民237号519頁）も、本件類似の事案であるが、これに付された須藤裁判官及び千葉裁判官の補足意見を読めば、かなり緻密な検討がなされていることが見て取れるし、立法時に予測可能性等の問題にもう少し配慮できた可能性についても言及がある。

単に、「遡及立法（ないし遡及立法類似）だから違憲だ」と考えたり、「立法政策上の問題だから違憲の余地はない」と考えたりすればよいものではなく、法律の趣旨目的、立法当時の社会状況、制約される利益の内容性質等について、相互のバランスにも配慮した十分な検討が必要であるという教訓を与えてくれた点でも、本判決は大いに参考になる。

より詳しく学ぶための『参考文献』

- 判例タイムズ 1359 号 75 頁
- ジュリスト 1436 号 8 頁
- ジュリスト 1441 号 110 頁
- ジュリスト 1444 号 132 頁
- 租税判例百選〔第 7 版〕10 頁
- TAINS コード：Z261-11771

パチンコ球遊器事件

最判昭和 33 年 3 月 28 日（民集 12 巻 4 号 624 頁）

概　要

　昭和 16 年、旧物品税法の課税対象として、「遊戯具」が追加された。しかし、その後も、パチンコ球遊器に対しては、ごく少数の例外を除き、物品税が賦課されてこなかった。昭和 26 年に至り、国税庁等が、通達で、パチンコ球遊器も「遊戯具」に含まれるとの解釈を示したため、Y 税務署長は、X につき、その製造するパチンコ球遊器に対し物品税を課した（本件課税処分）。そこで、X が本件課税処分の無効を主張して争ったのが本件である。

　最高裁は、X の主張を認めず、本件課税処分は有効であると判断した。

関係図

X（パチンコ球遊器製造業者）

③ 物品税の賦課（本件課税処分）

① 昭和16年
旧物品税法の課税対象として「遊戯具」が追加
② 昭和26年
パチンコ球遊器についても
「遊戯具」として物品税を課するべき旨の通達

Y税務署長

争点

1　パチンコ球遊器は「遊戯具」に含まれるか。

2　本件課税処分は、法律に基づかず通達に基づいて課税するいわゆる通達課税として、租税法律主義に反し違憲となるか。

判決要旨

1　パチンコ球遊器は「遊戯具」に含まれる。

2　本件課税処分は、たまたま通達を機縁としてなされたのみで、通達の内容は法律の正しい解釈に合致しており、租税法律主義には反しない。

評釈

1　物品税とは、品目を贅沢品等に限定した個別の消費税のような税であり、過去我が国で採用されていた。現在では廃止となっている。

2　Xは、一審・二審では、

①　物品税は分類上間接消費税に属するものであり、最終消費者の担税力に着目した税であるので、最終消費が予定されていない物品については、特別の規定がない限り、物品税法の課税対象とはなり得ないとした上で、パチンコ球遊器については、パチンコ業者の営業用施設として使用される器具で、最終消費が予定されておらず、特別の規定もない

②　物品税法には「遊戯具」との記載があるのに、昭和26年の通達まで相当長期間、パチンコ球遊器には物品税が課されていなかった

③　Xとしても、課税対象外と信じており、そのため価格決定においても物品税を考慮に入れていなかった

などとして、主に、パチンコ球遊器は「遊戯具」に含まれないとの主張を展開した。

3　一審は、①間接消費税の基礎的な考え方はともかくも、実定物品税

法がどのような結論を採っているかは、物品税法の規定を合理的に解釈して決しなければならないとした上で、物品税法の規定は、最終消費が予定されていない物品を除くものと明白に認めているわけではない、②物品税法は、課税物品を個別具体的に表示するのではなく、一定の内包を有する名称を掲げこれに包含されるものを課税物品としているのみで、パチンコ球遊器が課税物件でないとはいえない、③Xが価格決定において物品税を考慮に入れなかったからといって、パチンコ球遊器が「遊戯具」に当たらないということもできない、などとして、Xの主張を認めなかった。

二審も、概ね一審と同様の理由を述べた。

4 Xは、上告審でも、同様の主張を繰り返したほか、本件課税処分は、「遊戯具」という文言に名を借りた、実は通達に依拠した処分であり、租税法律主義に違反するとの主張を強く行った（二審でも、Xから、租税法律主義への言及はなされている）。

しかし、最高裁は、一審・二審の判断を引用したほか、物品税法の課税対象には次第に最終消費が予定されていない物品が加えられてきていること、最終消費が予定されているかいないかは相対的なものであり、パチンコ球遊器が自家用消費財としての性格を持っていないとも言えないことなどを指摘し、パチンコ球遊器が「遊戯具」に含まれるとの判断は正当であるとした。

また、通達課税だとの主張については、たまたま通達を機縁として本件課税処分がなされたのみで、通達の内容は法律の正しい解釈に合致しており、租税法律主義違反の主張は採用できないとした。

判決後の動向等

本件は、いわゆる通達課税の問題について最高裁が判断を行った最初の事件であると言われている。

　通達に法的拘束力はない以上、最高裁の述べるとおり、通達の内容が法律の正しい解釈に合致しているのであれば、原則的な帰結としては、違憲の問題は生じないということになるのであろう。

　ただ、通達の影響力等に鑑みて、単純にそのような結論を採ってよいのか、という問題がある。慣習法が成立していると言えないかとか、法的安定性の保障という観点からそのように単純に帰結できるのか、などという議論もなされているので、ご興味があればご検討いただきたい。

より詳しく学ぶための『参考文献』

- 別冊ジュリスト 17 号 24 頁
- 別冊ジュリスト 21 号 206 頁
- 別冊ジュリスト 61 号 130 頁
- 別冊ジュリスト 92 号 82 頁
- 租税判例百選〔第 7 版〕16 頁
- 最高裁判所判例解説民事篇（昭和 33 年度）68 頁
- TAINS コード：Z999-7716

大島訴訟／サラリーマン税金訴訟

最判昭和 60 年 3 月 27 日（民集 39 巻 2 号 247 頁）

概　要

　Xは、昭和 39 年において、170 万円の給与収入と 5 万円の雑収入を得た。当時の所得税法の規定によれば、給与所得者であっても、給与収入が一定以上の者は所得税の確定申告をしなければならなかったが、Xはこれをしなかった。そこで、Y税務署長は、Xに対し、所得税の決定処分を行った。Xがこれを争ったのが本件である。

　Xは、決定処分の根拠である当時の所得税法の給与所得課税に関する規定は、他の所得者に比べて、給与所得者につき合理的理由なく重く課税するものであり、憲法 14 条 1 項（平等原則）に違反して無効であるから、自身に対する決定処分も違法であると主張したが、最高裁は、この主張を認めなかった。

関係図

X社　←　② 所得税の決定処分　Y税務署長

① 所得税の
　申告をせず

争点

当時の所得税法の給与所得課税に関する規定は、他の所得者に比べて、給与所得者につき合理的理由なく重く課税するものとして、憲法14条1項に違反し無効となるか。

判決要旨

当時の所得税法の給与所得課税に関する規定は、憲法14条1項には違反しない。

評釈

1 Xによる具体的な主張は、おおよそ以下のようなものであった。

① 当時の所得税法は、事業所得者等には必要経費の実額控除を認めているのに、給与所得者にはこれを認めていない。法定された給与所得控除の額も、実際に支出されている必要経費の額を大きく下回るものにすぎない。

② 当時の所得税法によれば、事業所得等の申告納税方式による所得の捕捉率に比べ、給与所得の捕捉率が極めて高くなり、給与所得者は不当に過大な所得税負担を強いられている。

③ 当時の所得税法は、事業所得者等に対しては合理的な理由なく各種の租税優遇措置を講じており、これとの対比において、給与所得者は不当に過大な所得税負担を強いられている。

2 最高裁は、まず、Xの上記**1**①の主張に対し、以下のように指摘した。

① 当時の所得税法は、必要経費について、事業所得者等には実額控除を認める一方、給与所得者には法定の給与所得控除を認めていて、事業所得者等と給与所得者には一定の区別がある。

② 憲法14条1項は、国民各自の差異を無視した均一の扱いを求め

るものではなく、合理的理由のない差別を禁止するものであり、国民各自の事実上の差異に応じて法的取扱いを区別することは、その区別が合理性を有する限り許される。

　ところで、国民の租税負担を定めるに当たっては総合的な政策判断を要するし、課税要件等の定立には極めて専門技術的な判断を要する。そうすると、裁判所は、基本的には、立法府の裁量的判断を尊重せざるを得ない。そうであるならば、租税法における取扱いの区別は、(1)その立法目的が正当で、かつ、(2)区別の態様が目的との関連で著しく不合理であることが明らかでない限り、合理的な区別として、憲法14条1項に違反しないものと考えるべきである。

③　給与所得者については、職場においてかかる費用は使用者が負担するのが通例で、費用の支出をする場合でも、収入との関係が不明確である。そのうえ、給与所得者の数は膨大で、実額控除を採用すると混乱のおそれがある。各自の立証技術の巧拙等のためにかえって租税負担が不公平ともなりかねない。

　給与所得控除の制度は、給与所得者と事業所得者等との租税負担の均衡に配意しつつ、上記のような弊害を防止しようとするもので、(1)その目的には正当性がある。

④　この目的との関連で給与所得控除制度が合理性を有するかどうかは、結局、給与所得控除の額が必要経費の額との対比において相当性を有するかどうかにかかる。

　そして、給与所得者につき、職務上必要な経費は使用者が負担するのが通例で、通勤費等が非課税所得とされていることからすると、給与所得者が負担する必要経費の額が、一般に給与所得控除の額を明らかに上回ると認めることはできず、給与所得控除の額が必要経費の額との対比において相当性を欠くとはいえない。

　すなわち、(2)事業所得者等と給与所得者の区別の態様が上記目的

との関連で著しく不合理であることが明らかとはいえない。

⑤　したがって、必要経費の控除についての事業所得者等と給与所得者の間の区別は、合理的な区別として、憲法14条1項に違反しない。

3　また、最高裁は、Xの上記**1**②③の主張に対し、以下のように指摘した。

①　Xは上記**1**②のように主張するが、こうした所得の捕捉の不均衡の問題は、原則として税務行政の適正な執行により是正されるべきで、較差が正義衡平の観念に反する程度に著しく、それが恒常化しており租税法制自体に基因しているような例外的な場合でない限り、違憲の問題を生じない。

②　Xは上記**1**③のように主張するが、仮に合理性を欠く租税優遇措置が存在するとしても、それは当該措置の有効性に影響を与えるのみで、当時の所得税法の給与所得に関する規定を違憲無効とするものではない。

4　このように、最高裁は、租税法の特色を踏まえ、緩やかな違憲判断基準を定立した上、これに沿って検討を進め、給与所得控除制度の目的は正当であり、事業所得者等との区別は不合理でないとして、給与所得控除制度は平等原則に違反しないと判断した。

5　なお、本判決にはいくつかの補足意見が付されており、その中には、給与所得控除の額を超える必要経費が存する場合に違憲の問題が生じ得る旨指摘するものも存する。

判決後の動向等

　本件は、当時のサラリーマンが抱いていた重税感や課税についての不公平感から、訴え提起以来大きな話題となった。

　本件自体は、Xの敗訴となったが、国民的議論を呼び、給与所得控除額の引上げや特定支出控除制度の制定などが実現する引き金になった点

で、税務行政に大きな影響を与えたといえる。

　参考文献に挙げた評釈等のほかにも、様々な議論・分析がなされており、いずれにおいても興味深い指摘がなされているので、各自研究されたい。

より詳しく学ぶための『参考文献』

- 最高裁判所判例解説民事篇（昭和60年度）74頁
- 判例タイムズ553号84頁
- ジュリスト837号6頁
- ジュリスト862号11頁
- 租税判例百選〔第7版〕4頁
- TAINS コード：Z144-5507

判例 11-4

「偽りその他不正の行為」の意義事件

最判昭和 42 年 11 月 8 日（刑集 21 巻 9 号 1197 頁）

概　要

　X1 社は猟銃の製造販売を業とする会社であり、X2 はその業務全般を統括する取締役であった。X2 は、X1 社の業務に関して、猟銃を製作してAに販売したにもかかわらず、物品税逋脱の目的をもって、上記販売につき手帳にのみメモして保管し、税務官吏の検査に供すべき正規の帳簿には記載せず、また、所轄税務署に提出すべき課税標準申告書を提出せずに、物品税を逋脱した。

　X1 社・X2（Xら）は逋脱罪に問われ、これを争ったが、最高裁も、逋脱罪の成立を認めた。

関係図

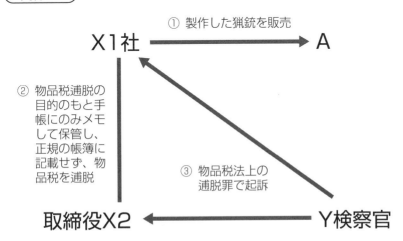

逋脱罪の構成要件である「偽りその他不正の行為」の意義。

判決要旨

逋脱罪の構成要件である「偽りその他不正の行為」とは、逋脱の意図
をもって、その手段として税の賦課徴収を不能もしくは著しく困難なら
しめるような何らかの偽計その他の工作を行うことをいう。

評 釈

1 一審がXらの逋脱罪の成立を認めたのに対し、Xらは控訴して争った。

二審において、Xらは、税務官吏に対して虚偽の申立て・申告をした
事実はなく、単に、Aへの猟銃の販売について、税務官吏の検査に供す
べき正規の帳簿に記載せず、かつ、毎月所轄税務署に提出すべき課税標
準申告書を提出しなかっただけであって、「偽りその他不正の行為」に
当たるべき積極的な行為がないから、逋脱罪は成立しないと主張した。

これについて、二審は、逋脱罪が成立するためには偽りその他不正
の行為が積極的に行われる必要がある、という限りでは、Xらの主張
を認めた。しかし、続けて、販売事実を正規の帳簿に記載せず、その
実体を不明にする消極的な不正行為も、実態としては、正規の帳簿へ
の最も極端な虚偽記載といえるし、結果としては正規の帳簿を破棄し
たのと変わらないから、「偽りその他不正の行為」に当たる、と述べ、
逋脱罪の成立を認めた。

2 Xらは、同様の主張をもって上告したが、最高裁も、以下のように
述べて、逋脱罪の成立を認めた。

逋脱罪の構成要件である「偽りその他不正の行為」とは、逋脱の意
図をもって、その手段として税の賦課徴収を不能もしくは著しく困難
ならしめるような何らかの偽計その他の工作を行うことをいう。

　過去の判例では、「偽りその他不正の行為」に該当するには、単なる不申告以外に不正の手段が積極的に行われる必要があると指摘されている。しかし、これは、単に申告をしないというだけでなく、そのほかに何らかの偽計その他の工作が行われることが必要であるとの趣旨を判示したものである。二審も、単に正規の帳簿への不記載をもって直ちに「偽りその他不正の行為」に当たるとしたのではない（ただし、二審の表現ではＸら主張のような誤解を招く恐れがある）。Ｘらが、物品税を逋脱する目的で、販売事実を手帳にメモして保管しながら、税務官吏の検査に供すべき正規の帳簿にはことさらに記載しなかったこと、他の証拠ももはや不明な状況になっていたことなどから、逋脱の手段たる工作を行ったことが認められるという意味で、積極的な不正行為がなされたと判断したものである。

判決後の動向等

　物品税を逋脱する目的で単に申告書の提出をしなかった場合には、「偽りその他不正の行為」は認められず、逋脱罪は成立しない。これに当たるべき積極的な不正行為があって初めて逋脱罪が成立する。

　本判決は、そうした積極的な不正行為に該当するか否かについて、行為の外形だけから判断するのではなく、逋脱罪の保護法益に着目し、従来よりも実質的な判断基準を提示した点で、重要な意義がある。

より詳しく学ぶための『参考文献』

- 最高裁判所判例解説刑事篇（昭和 42 年度）319 頁
- 判例タイムズ 215 号 132 頁
- ジュリスト 388 号 133 頁
- 租税判例百選〔第 3 版〕212 頁
- 租税判例百選〔第 7 版〕238 頁
- TAINS コード：Z999-9099

■著者略歴

菊田 雅裕（きくた・まさひろ）
弁護士

平成 13 年	東京大学法学部卒業
平成 16 年	司法試験合格
平成 18 年	弁護士登録
平成 23 ～ 25 年	福岡国税不服審判所　国税審判官
平成 25 ～ 26 年	東京国税不服審判所　国税審判官
現在	横浜よつば法律税務事務所所属

さっと読める！ 実務必須の重要税務判例 70

2021年11月15日　発行

著　者　　菊田 雅裕 ©

発行者　　小泉 定裕

発行者　　株式会社 清文社

東京都千代田区内神田1‐6‐6（MIFビル）
〒101-0047　電話 03（6273）7946　FAX 03（3518）0299
大阪市北区天神橋2丁目北2‐6（大和南森町ビル）
〒530-0041　電話06（6135）4050　FAX 06（6135）4059
URL https://www.skattsei.co.jp/

印刷：亜細亜印刷㈱

ISBN978-4-433-73271-4